Índice

1) La batalla mental

2) La confusión de la vida

3) No es fácil, pero tampoco imposible

4) Tu mente puede jugar a tu favor o en tu contra

5) Traición

6) El miedo y yo

7) Artista de mi propia vida

8) Si se puede superar una traición

9) Un ángel

10) De negativo a positivo

11) Como poner cada pieza en su lugar

12) Poner tu persona siempre en primer lugar

13) No sentirte culpable por tus errores toda la vida

14) Perdonarse a sí mismo para poder perdonar a los

demás

15) Dejar el miedo para otro día

16) Deja de preocuparte por el qué dirán

17) Deja ir el pasado

18) No pierdas el tiempo

19) Ponerte metas y cumplirlas

20) Ser disciplinado

21) Enfócate y vive el presente

Agradecimientos

Primeramente, deseo expresar mi agradecimiento a Dios por permitirme realizar este proyecto y por darme el coraje de enfrentarme a la vida y poder apreciar todo lo que en ella implica.

También, quiero agradecer a todas las personas que con su tiempo y amor me ayudaron a realizar esta obra. Agradezco inmensamente a mis hijos por su paciencia y su amor en mis tiempos difíciles.

Finalmente, quiero expresar mi gratitud a todas las personas que han causado un impacto positivo en mi vida.

Ocho años de prisión

Un libro escrito con el corazón.

Un manual práctico de motivación, crecimiento
y   desarrollo personal.

Una historia real que impactara tu vida
positivamente.

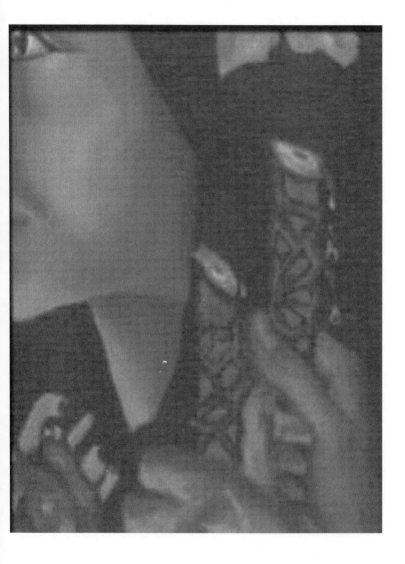

1

La batalla mental

Era el verano del 2015, un día tan igual a los demás donde parece que todo lo que haces es repetitivo. El calor era tan intenso que sentía que cada segundo que pasaba me consumía lentamente y para mi mala suerte, mi apartamento no contaba con aire acondicionado. Estaba en esa etapa y momento de la vida donde te pones a pensar que tu vida no vale un centavo y todo que haces es carente de importancia. ¡Caray! pensé en mi interior, que duro golpea la vida cuando no estás preparado para tu defensa y no hablo solamente de preparación física sino interior, espiritual y por supuesto financiera.

Comprobé en carne propia que cuando un área de tu vida no está bien todas las demás empiezan a fallar. Es cierto que somos como imanes y todo aquello que nuestra mente piensa de alguna manera lo atraemos a nuestra vida. Si piensas cosas negativas eso mismo atraerás, si piensas cosas positivas eso mismo llegara a tu vida. Todo depende de que está en tu mente, ahí mismo es donde inicia todo, desde un proyecto, planes, sueños, prosperidad, salud, belleza, felicidad, amor o desgracia y calamidad. Prácticamente poseemos un enorme poder que en la mayoría de los casos no sabemos usar y terminamos viviendo de la manera más miserable.

Ese fue mi caso por un largo tiempo y no me da pena decirlo, contrario a eso quiero compartirlo no solo porque ya no soy una víctima sino porque existen millones de casos iguales o más impactantes que el mío. Con esto quiero decirte que... sea cual sea y por más difícil que parezca tu situación, tú tienes el poder de liberarte en el momento que tomes la decisión de vivir.

Tomar la decisión de vivir es algo que aterra a la gente ya que casi todos viven aparentando algo que no es. Viven con la presión de querer encajar en el círculo de una sociedad que te condena a vivir desdichado tapando a ojos de la gente la realidad que nadie sabe. Muchos viven de esa manera toda su vida y al final es innecesario llevarse dicho secreto a la tumba porque prácticamente ya están muertos en vida. Vivir no solo se trata de consumir oxígeno en este planeta, vivir es estar consciente de cada decisión que tomamos y estar en un estado de armonía disfrutando del eterno presente. Claro que existen muchos otros factores que debido a nuestra necesidad humana debemos aplicar en nuestra vida para que de una manera sana podamos vivir y no solo sobrevivir.

En aquel tiempo de mi vida parecía que nada tenía sentido, había perdido totalmente las ganas de vivir y estaba casi en totalidad prisionera en la cárcel de mi mente. Sin sabores ni colores y mucho menos ganas de admirar las flores. La vida se había tornado gris y sin razones para sonreír, en ese momento no encontraba un motivo para entusiasmarme por la vida. Aunque los motivos me sobraban, mi estado decadente me tenía segada. Era como si un control automático me hubiera puesto en pausa y el único botón que le funcionaba era el de regresar. Mi mente se encontraba en un estado donde le era difícil no pensar en el pasado, parecía que el único alimento que satisfacía mi vida era el recordar lo miserable que alguna vez me hicieron sentir.

Cuando estás en una etapa como esta, lo único que quieres es aferrarte a tu desgracia como si todo fuese el final de tu vida. ¡Vaya manera tan estúpida de pensar! Lo se ahora, pero me fue un tanto difícil llegar a esta conclusión y darme cuenta de que no podía ser más bruta porque hubiese sido el colmo de la brutez. Estaba totalmente cansada y no era solamente mi cansancio físico sentía un cansancio interior que impedía a toda costa que realizara alguna actividad. Aun así, ese día decidí dar una vuelta sin rumbo. Pensé que tal vez dar un paseo al parque o a la tienda sería una buena opción, cosa que decidiría una vez estuviera en el auto y de ese modo poder disipar mis penas.

Creo que muchas personas han pasado por etapas similares a la mía y estoy segura de que saben muy bien de lo que estoy hablando. Independientemente si eres hombre o mujer todos en algún momento de nuestra vida hemos experimentado tal sentimiento. Muchos pueden pensar que estar en este trance de la vida es lo que les tocó vivir. Yo me rehusó a ese tipo de pensamiento no solo porque es desgastante vivir así, sino porque cada persona tiene el derecho de elegir lo que quiere para su vida. No permitas que situaciones de la vida que no aportan nada bueno a tu persona se convierta en tu estilo de vida.

En aquel dilema de mi vida, quería a toda costa escapar de mis pensamientos los cuales me tenían más desorientada que nunca. Y como si la tranquilidad que yo buscaba fuera algo que se consigue de la noche a la mañana, yo solo quería escapar de todo. De lo que no tenía conocimiento era que no importara lo lejos que estuviera o en lugar que me encontrara. De quien no podía escapar era de mis propios pensamientos. Era imposible escapar de mí misma y los pensamientos eran parte de mí. Lo que yo no sabía era que yo misma contaba con la capacidad de poder cambiarlos.

Si de casualidad tú estás pasando por una etapa similar date la oportunidad de examinar a fondo tus pensamientos. De esa manera te darás cuenta de que nos es lo que te rodea ni con quien compartes tu vida quien debe de ser cambiado. Eres tú quien debe de cambiar la manera de pensar. Todo depende con qué ojos ves todo lo que sucede en tu vida.

Después de tanto tiempo envuelta en ese deterioro mental y físico algo se despertó dentro de mí, una pequeña chispa se encendió en mi interior. Fue ese el momento donde con un gran esfuerzo tuve la fuerza de salir no solo a dar ese pequeño paseo que causaría un ligero cambio a mi día, sino también de darle un gran cambio a mis pensamientos. Puede parecer insignificante, pero ese fue el primer paso que di. Tome la decisión de hacer un cambio en mi vida. Aunque, déjame decirte que me sentía como recién bajada de una montaña rusa, desorientada, sin enfoque y para colmo con ganas de vomitar. No sé si te ha pasado, pero cuando estamos expuestos a una situación de cambio, o expuestos a una experiencia desconocida nos da esa sensación de revoloteo en el estómago. Poder sentir todas las sensaciones y emociones que experimentamos es bueno. Eso quiere decir que estamos vivos y somos seres humanos con la capacidad de responder inteligentemente a cada emoción.

2

La confusión de la vida

¿Te has encontrado en ese momento donde no tienes ni la menor idea de hacia dónde va tu vida?

Precisamente me encontraba en ese momento de mi vida. Yo sabía que estaba en una situación deteriorada donde no tenía ni la menor idea de qué hacer. Creo que ese es un buen punto de partida, por lo menos tenemos la opción de tomar un rumbo mejor al anterior. Aunque yo sabía que era algo difícil salir de mi situación de igual manera sabía que si no hacía nada al respecto la derrota era inminente. En ese momento no contaba con nada ni nadie que se compadeciera de mi "revoltijo" de vida. Me sentía una completa víctima y creía que el causar lastima de alguna manera podía aliviar mi pena. En verdad fue una de las etapas más difíciles de mi vida. Me encontraba sola, sin dinero y con miedo.

Estoy convencida que la vida te pone a prueba no para destruirte, si no para convertirte en una persona más fuerte. Es nuestra responsabilidad convertir nuestra vida en una verdadera obra de arte.

En ese momento no tenía el valor para enfrentarme a la vida y para colmo tenía pánico socializar. Yo no tenía la capacidad de entablar una plática con nadie. El estar por mucho tiempo prisionera de mis pensamientos limitantes he ignorado la importancia de ser yo misma me tenía fuera de enfoque. Vivir tanto tiempo aparentando una vida que no era y no quería, me tenía llena de pánico. Con la sola idea de enfrentarme a la sociedad me parecía aterrador ya que sabía lo cruel que en ocasiones la sociedad puede ser con los más débiles. Para mí, hacer vida social era aterrador y para acabar de completar parecía que todo el mundo percibía mi desgracia por el simple hecho de lo que reflejaba mi imagen. ¿Tal vez era solo parte de mi imaginación? No lo sé.

Estaba en tal confusión que ya no podía diferenciar entre lo real y lo imaginario. De lo que sí estaba consciente era que mi mente e imaginación estaban jugando un papel muy importante dentro de mí. Estaba tan concentrada en mis pensamientos locos que podía ver chispas brillantes a mi alrededor. No estoy segura si eran parte de mi imaginación o por la debilidad física de no tomar mis alimentos en orden, razón que me hizo bajar tanto de peso que por poco desaparezco. Creo que mi intención era morirme, no de tristeza o desilusión, si no de hambre jajaja ¡Dios mío que cosas!

Lo que tengo que reconocer y dar crédito a mi favor es que siempre he contado con una imaginación tremenda. Me causa algo de risa, pero en realidad fue algo muy serio. Era tan desalentador mi estado físico y mental que todo alimento parecía insípido a mi paladar. En aquel caluroso día de verano decidí salir y dar una vuelta buscando algo que de alguna manera me hiciera olvidar o tal vez salir del hueco donde me encontraba. Pensé que una distracción momentánea no me caería nada mal. A decir verdad, lo veo muy recomendable ya que es bueno distraer la mente cuando solo estás enfocado en lo negativo. Algo que te puede ayudar es... dar un paseo al aire libre, leer un buen libro, escribir, hacer ejercicio, bailar entre otras. Existen muchas actividades que te pueden ayudar a distraer tu mente cuando solo estás enfocado en lo que te sucede y lo mal que te trata la vida.

En ese tiempo me encontraba literalmente sola ya que mis hijos estaban de vacaciones. Pensé que tal vez era un buen momento para poner mis dilemas en orden y encontrar una razón para darle sentido a mi vida. Subí a mi viejo auto y para acabarla de amolar tampoco tenía aire acondicionado. Enseguida sentí lo abochornado y encerrado que estaba el calor dentro del auto parecía un horno, y me dije... bueno, tal vez esta es la solución más fácil y terminar sofocada aquí dentro del auto es lo mejor. Al fin que a nadie le importo pensé... y de esta manera término de una buena vez con esta vida sin sentido que me tortura despiadadamente.

Mi mente estaba pensando a toda velocidad todo tipo de barbaridades incoherentes que solo aumentaban mi desgracia.

Después de unos minutos empezó a faltarme la respiración, mi cuerpo estaba totalmente cubierto en sudor, enseguida abrí la ventanilla y tomé aire fresco. Recuerdo que me di una tremenda bofetada por idiota. Te juro que no lo podía creer, en ese momento ni yo misma me reconocí como pude caer tan bajo y atentar contra mi propia vida. Me dije... ¡Mujer como puedes ser tan cobarde! Es increíble como en un solo momento de frustración y desesperación una persona puede atentar contra su propia vida.

No pude contener las lágrimas que a la vez se confundían con mi sudor, ni siquiera tenía que hacer ningún esfuerzo por llorar, estaba hecha un mar de llanto. Puedo entender perfectamente a las personas que caen tan profundamente en la depresión y no encuentran la solución a sus problemas. Todo esto sucede por la falta de amor propio y el poco valor de enfrentarse a la vida. Muchos prefieren callar solo por el miedo a ser juzgados por una sociedad carente de humanismo que ataca a quien se revela consigo mismo.

Cuando me refiero a la sociedad hablo de todas aquellas reglas y límites que se han creado a través de los años haciendo creer a la gente que tienes que seguir un patrón creado obviamente por la gente donde el salirte de las costumbres o creencias te convierte en una persona no digna de admirar.

Pareciera que querer vivir conforme a tus propias creencias y tomando tus propias decisiones va en contra de lo normal. Desde mi punto de vista es todo lo contrario ya que no muchos tienen el valor de perseguir sus propios ideales y aspirar por una vida libre y sin ataduras. Solo que al resto de la humanidad eso les parece fuera de razonamiento. La costumbre de lo ordinario tiene segada a mucha gente y cuando alguien se desvía hacia otro rumbo lo juzgan de loco. Creo que necesitamos más locos en este mundo que no tengan miedo a vivir de apariencias ni falsedades.

Después, calmada un poco y tratando de limpiar mi rostro, miré mi reflejo en el espejo retrovisor de mi auto y me dije, ¡mujer! No puedes ser más ¡estúpida! Por primera vez en tu vida amate y amate tanto que nunca más tengas que mendigar amor o causar lastima. Mi mente estaba pensando a mil por hora, dentro de mí me dije… mujer levántate y lucha por lo que quieres, tu eres muy capaz. A decir verdad, me había convertido en mi propio verdugo, pero todavía había algo bueno en mí solo que yo no lo había descubierto. Es como si dos fuerzas poderosas viven en tu interior y todo depende de ti a cuál le otorgas más poder. Esa es la lucha de todo ser humano desde nuestro nacimiento hasta el final de nuestra carrera.

Es increíble como nosotros mismos tenemos la capacidad de darnos cuenta de los errores que estamos cometiendo. Y más increíble aún es saber en el error que estamos sabiendo lo que tenemos que hacer para salir de él, pero aun así no tenemos el valor de actuar y salir de esa situación. "Sea como sea creo que somos una chulada". No hay nada más bonito que darnos cuenta de todas nuestras debilidades y errores y aun así creer que somos una maravilla.

Después, entre lágrimas y una sonrisa consoladora volví a mirarme al espejo y me dije, eres tonta pero no tanto como para terminar así ahogada dentro de tu auto como una completa perdedora. Siempre le he tenido un gran respeto a la vida y pienso que solo Dios decidirá cuando deje este mundo de mortales. Ese solo fue un momento de flaqueza que jamás repetiré.

3

No es fácil, pero tampoco imposible

Te diré que superar cualquier adversidad sea cual sea no es nada fácil, pero eso no quiere decir que sea imposible. Absolutamente todo en esta vida tiene solución menos la muerte, que no queramos buscar esas soluciones ya es muy diferente. Es verdad que a veces la flojera es más grande que el deseo de progresar o hacer cambios radicales para beneficio propio. Es muy común que la gente se torne amargada e infeliz porque quiere cambios y éxito, pero no están dispuestos a hacer ningún esfuerzo. Esa es una de la frustración más grande del ser humano. Muchos quieren ser importantes y obtener la atención y admiración de la gente, pero no están dispuestos a hacer que eso suceda de la manera correcta. Querer ser significante en esta sociedad es una de las necesidades del ser humano ya que vivimos deseosos de llenar nuestras necesidades.

En la búsqueda de llenar esa necesidad existen dos maneras de lograrlo. Una es pateando tu trasero todos los días y comprometiéndose a lograr tus metas. Para eso tienes que hacer lo que nadie está dispuesto a hacer. Requiere comprometerse con uno mismo poniéndote metas concretas y desarrollando la habilidad de la disciplina. Otros, prefieren ir por la vida quitando del camino a quienes ellos creen que son sus oponentes y de esa manera lograr más pronto sus objetivos. Para estos el único interés es lograr sentirse significantes para satisfacer su ego. La diferencia entre estos dos tipos de personas es que el que prefiere lo fácil en algún momento volverá a caer en su mismo abismo y se sentirá más insignificante que nunca.

Cuando esto sucede terminan enojados con todo el mundo como si alguien tuviese la culpa de sus malas decisiones y hábitos. Por el simple hecho de saber que no es fácil nadie quiere iniciar el proceso del cambio porque se requiere un gran esfuerzo y ese es el precio que pagar, lo cual muchos se niegan y prefieren vivir en mediocridad. En medio de todos mis dilemas e intentos fallidos en realizarme como persona en todos los aspectos recuerdo que un día una persona quien conocía mi situación me dijo… ¿Como le haces? ¿Cómo es posible que a pesar de todo sigues intentando salir a flote? ¿Como le haces para no deprimirte?... ¿Para deprimirme? le contesté un tanto molesta y a la vez sorprendida. Llevo años sumergida en esta lucha le conteste, solo que no quiero darme por vencida. No se trata de que tan fuerte golpea la vida, se trata de cuan fuerte somos para enfrentarnos a lo que nos sucede.

Alguna vez escuche a una persona decir que los que no luchan por sus ideales se convierten en esclavos de la mediocridad. Yo no entendía la definición de ser mediocre hasta que me analice afondo, la tuve que buscar en el diccionario solo porque me parecía horrenda tal palabra. Me di cuenta de que ser mediocre implica ser peor que una persona fracasada. Es como vivir en una especie de jaula emocional y social de la cual es muy difícil de salir. Es increíble que yo haya estado en esa jaula. Reconozco que tenía algunas características de una persona mediocre. Lo importante es que me di cuenta y tomé la decisión de salir de esa maldita jaula.

Desde mi punto de vista y basado en mis experiencias te diré cuáles son esas características que te convierte en un ser mediocre. El mediocre es dócil y se deja manejar por los demás, es ignorante cree que todo lo sabe cuando en realidad no sabe nada. Es un ser vegetativo carente de personalidad contrario a la perfección, es un cómplice de los intereses creados por la sociedad. Vive según las conveniencias y nunca descubre lo que es amar. El mediocre en su vida rutinaria y conformista se vuelve vil y escéptico. El

...rta como un cobarde siempre

...a víctima.

...omún en las personas mediocres es

...or alguien más, es estar más

...rentar lo que no es. El mediocre
intenta aferrarse a una situación de basura solo por el
miedo a perder algo o a alguien. En fin... hay muchas
otras características que te llevan a ese mundo carente
de todo lo bueno y te convierte en un ser vacío y sin
motivos para vivir. O si vives, vives en una amargura
constante que nada ni nadie trae paz a tu alma. Y para
colmo los mediocres son flojos, quieren todo fácil y
creen que todo les tiene que llegar como por arte de
magia. Para salir de la maldita jaula de mediocridad
primeramente debes tener el deseo de salir de ella,
seguidamente de una fuerza enorme de voluntad. Y
claro a todo este proceso se le agregan otros
complementos importantes que no deben de faltar.

Tienes que estar dispuesto a pasar por todo tipo
de retos que te pondrán a prueba y te darás cuenta de lo
que en realidad estas echo. Solo existen dos opciones, o
tiras la toalla o sigues adelante no hay otro camino más
fácil, esta misma técnica se aplica para todo en la vida.
No existe una persona de éxito que no haya luchado
contra viento y marea para alcanzar sus metas, que la
gente piense que lo ha conseguido fácil es muy
diferente. Algunas personas cuando ven el éxito en
otros dicen... fue un golpe de suerte, la respuesta es
¡NO! En estos casos no existen los golpes de suerte, esto

es una combinación de: **esfuerzos, experiencia, consistencia, disciplina, dedicación y compromiso.**

Se puede hacer el cambio siempre y cuando tú lo desees, todo inicia en tu mente y si te digo que si se puede salir de todo este enredo mental y estado de mediocridad no es una mentira. Yo pude hacerlo y estoy segura de que tú también puedes hacerlo. Es verdad que toma tiempo salir de toda esta madeja que uno mismo a través de los años nos encargamos de enredar, pero créeme que vale la pena el esfuerzo, porque tu vida vale la pena vivirla. Porque tu mereces grandes cambios, porque tu mereces crecer como persona.

Tengo la costumbre de mirarme en el espejo del auto cada vez que subo a él sin importar el estado de ánimo en el que me encuentre, de un tiempo para acá lo convertí en un hábito y me gusta ya que si quiero saber qué es lo que refleja mi alma nadie mejor para decírmelo que el espejo. Basta con solo mirar directamente a los ojos para darse cuenta de lo que existe dentro de una persona. Te recomiendo un momento a solas frente al espejo, eso funciona muy bien. Déjate sumergir dentro de tu alma para conocerte, para descubrir cuáles son tus fortalezas y tus debilidades. En verdad es cierto que los ojos son la ventana del alma, con una sola mirada directa puedes descubrir mucho o tal vez demasiado.

Recuerdo muy bien en mis tiempos de calamidad lo difícil que resultaba para mi poder mirar a una persona a los ojos, en realidad creo que nunca lo pude hacer. La historia de hoy es totalmente distinta, uno de mis actos favoritos es mirar directamente a los ojos de la persona con quien este entablando una conversación. De esa forma me doy cuenta con qué tipo de persona estoy hablando, y no lo hago solo por sentirme más fuerte si no para de alguna forma poder ayudar a entablar una relación de confianza entre ambos. Cada persona esconde una historia en su mirada, especialmente las personas mayores. Se me hace fascinante descubrir que a través de una mirada se puede descubrir toda una historia y toda una vida.

Aprender todo esto no fue sencillo, pero era un reto y eso a mí me fascina. El pararme frente al espejo, mirarme directamente y colarme hasta el fondo de mi alma se había convertido en un hábito difícil de abandonar. Sin importar que mi ánimo estuviese rodando por el suelo igual me gustaba mirarme y si había que llorar lo hacía con toda dignidad. Aún sigo dedicando unos minutos solo para mí y el espejo. Es bueno contemplar nuestra imagen para darnos cuenta de las virtudes que poseemos. No te enfoques solo en tus defectos ya que son ellos los que demuestran que somos humanos. Dale valor a tus virtudes y habilidades. Sin caer en el narcisismo enfócate y descubre la belleza que reside en tu interior y exterior.

Recuerdo muy bien aquel día cuando intentaba dar un paseo para aclarar mi mente. Estaba tan mal que lo único que podía hacer sin ningún esfuerzo era llorar. En el fondo yo sabía que mi vida era un completo desastre y que la única responsable era yo. Era obvio que si yo deseaba un cambio en mi vida tendría que hacerlo yo misma. Aunque, culpar a alguien me resultaba algo consolador, pero a la misma vez tenía muy en cuenta que si quería que mi situación cambiará era mi responsabilidad y de nadie más. ¿Pero cómo hacerlo? tenía cero fuerzas de voluntad. En verdad, esos son momentos muy difíciles, son los momentos donde tu mente te encierra y lo único que puedes pensar son las razones que te limitan.

Lo único que viene a la mente son las razones por las cuales uno está en esa situación. Parece difícil ver los motivos que tenemos para superar cualquier adversidad cuando estamos hundidos en nuestros dilemas. Nos enfocamos en el problema en vez de buscar la solución. Perdemos tiempo, perdemos energía y perdemos vida. Los problemas y contratiempos de la vida algunas veces son inevitables. Un problema no desaparecerá si no buscas la solución. Tu vida no cambiará si no decides hacer un cambio. No permitas que tus problemas te impidan ver las razones que tienes para cambiar tu vida. Deja de ver solo lo negativo, date cuenta de que también tienes cosas buenas en tu vida. Recuerda que para cada problema existe una solución, y si no... pues tu tendrás que inventar la solución.

Ese día después de calmarme un poco decidí verme nuevamente en el espejo retrovisor de mi auto y si, lo que imaginé... tenía grandes lunares rojos por toda mi cara, a decir verdad, me miraba fatal. Lo chistoso de todo esto es que uno mismo reconoce lo mal que nos vemos o sentimos, pero no tenemos el coraje de hacer un cambio y preferimos hundirnos más y más. Ese día, algo enojada me dije... ¡Mujer te vez fatal!, lo único que inspiras es lastima. Y si, precisamente eso era lo que yo sentía hacia mí...lastima. En mi momento de frustración creía que el culpable de mi desgracia era esa persona quien despiadadamente se burló de mí. Lo que yo no quería reconocer era que él fue quien causó el daño, pero era yo quien estaba permitiendo que ese daño terminara con mi vida. A decir verdad, uno mismo es responsable de la felicidad o infelicidad que rodea nuestra vida.

Es increíble como culpamos a terceras personas por lo que nos pasa. Creemos que el resultado de nuestra vida es a causa del daño que alguien ocasionó. Es cierto que el daño puede ser provocado por alguien, pero lo que causa el impacto es como reaccionamos a ese daño. Suena algo confuso, pero así mismo es, la pregunta sin respuesta que siempre nos hacemos cuando estamos atascados es... ¿por qué me pasa esto a mí? Es de lo más común y todos caemos en esa trampa que no nos permite avanzar. Sin embargo, podemos cambiar la pregunta y la respuesta puede cambiarlo todo. En lugar de preguntarnos ¿porque me sucedió a mí? La pregunta seria... ¿para qué me sucedió esto a mí? ¿Que tengo que aprender de esta mala experiencia?

Existen un sin fin de preguntas que en el momento quieres tener la respuesta precisa a todas. La mente es demasiado ágil y desenfrenada, si le das rienda suelta pierdes total control sobre ella. Aquel día, muchas preguntas llegaban a mi mente. ¿Cómo fue que llegué a esta situación? ¿Cuándo me perdí? ¿Cuándo deje de existir? ¿Cuándo perdí las ganas de vivir? ¿Qué paso con mis sueños? Bueno, un sin fin de preguntas sin respuesta que llegaban a mi mente como un bombardeo. Quise darme ánimos yo misma y buscar cualquier excusa para justificar mi deteriorado estado. Cosa que todos hacemos para evadir la realidad, lo cual en realidad es perder el tiempo buscando algo que jamás vamos a encontrar. A decir verdad, la respuesta a todo la tenemos nosotros mismos solo que en medio de nuestra cobardía tratamos de evitar reconocer la verdad.

Aquel día mientras continuaba dentro de mi auto tratando de decidir si dar un paseo o regresar a casa me di cuenta de que estaba totalmente agotada. Enseguida pensé... estoy así por trabajar demasiado, o tal vez será por las tantas noches que llevo sin dormir, o puede ser mi mal comportamiento alimenticio. En el fondo sabía que me encontraba si por ser tan cobarde y no enfrentar la situación. A final de cuentas termine culpando a un hombre que desgració mi vida, bueno eso era lo que yo pensaba en aquel tiempo. Eso fue lo más justificante y aliviador para mí en ese momento. Después de buscar hasta las excusas que no eran ni mías solo para justificar mi estado emocional de basura ya no sabía si continuar el paseo o mejor pasar por hamburguesa y papas fritas.

Encerrarme en mi apartamento se había convertido en mi rutina favorita donde solo mi gato esperaba por mí. Él era el único que me aceptaba tal y como yo era, bueno al menos eso era lo que yo pensaba. Mi gato es un animal indefenso y nada tenía que ver con mis problemas. De todas formas, yo quería que me aceptara con todo y mi mal humor. Vaya error tan mayúsculo querer que alguien más me aceptara tal y como yo era. Estaba totalmente equivocada y no quería darme cuenta. Era yo quien debía amarme y aceptarme tal y como yo era. Hace falta que cada ser humano se acepte y se ame a sí mismo tal y como es.

Pobre de mí gato, dé alguna manera terminó siendo una víctima de mis locuras mentales ya que percibía toda mi desdicha siendo él solo un inocente gato. Aunque algunas veces me hacía pensar lo contrario, un día me atacó trepando en mi pierna y ensarto sus garras dejándome cubierta de sangre. Mi gato sabía todo de mí, por suerte los gatos no hablan de lo contrario estoy segura de que me hubiese dicho... ¡tienes una vida de mierda! has algo para cambiar porque si no hasta yo terminare por dejarte. ¡Ay caramba! Si que soy buena para imaginar tonterías, bueno en realidad todo eso era solo parte de mi desequilibrada manera de pensar cosa que ya se me había hecho costumbre de un tiempo a la fecha.

Recuerdo que un día cuando estaba regresando del trabajo cansada y cargando unas cuantas bolsas del supermercado además de mis cosas personales, cuando de repente se apareció mi vecino y amablemente ofreció su ayuda para cargar algo de mis cosas. Le dije... no gracias estoy perfectamente bien con una voz cortante y molesta. El me miro con cara de asombro y se marchó. No tuve ni por lo menos la educación adecuada para dirigirme a él. Dentro de mí pensé... Este mugroso atrevido quien cree que soy yo a de pensar que por ayudarme a llevar mis cosas puede tener la posibilidad de conseguir algo. Tal vez lo único que quiere es entablar una amistad para después acostarse conmigo. Esta muy equivocado dije entre mí. Estoy casi segura de que todos los hombres son iguales ¡son unos patanes! solo te usan y después te tiran a la basura como un trapo viejo, pero si uno tan estúpida les cree todo lo que dicen.

En ese momento estaba segura de que la mayoría de los hombres solo enredan con mentiras y promesas que jamás cumplen. ¡Son unos buenos para nada! Pensaba yo. Estaba muy enojada así que mandé a mi vecino por un tubo donde se merecía por atrevido. ¡Dios mío! después reaccione... no puedo creer que yo pueda almacenar toda esta tonelada de basura, tal vez puedo equivocarme, pero... ummm creo que en realidad los hombres son unos patanes por eso mejor me compre un gato. No quiero generalizar, todo lo que pensaba y creía en aquel tiempo era basado en aquella mala experiencia. Hoy la vida me ha demostrado todo lo contrario, no se puede juzgar a todos los hombres por igual solo porque algunos se portan mal.

De pronto, pienso que he tenido muy poca experiencia en cuestiones de los hombres ya que en todo lo que llevo de vida hasta el momento solo tuve un novio. Estoy totalmente segura de que existen algunos hombres maravillosos, esos que te enamoran con una sola mirada y son más fieles que mi gato. El hecho que yo no haya encontrado el mío todavía no quiere decir que no existan. En realidad, tanto hombre como mujer somos seres increíbles, aunque algunos sean unos hijos de la fregada no quiere decir que todos seamos iguales. Creo que la mejor manera de tener conocimiento no solo en las relaciones si no en todas las áreas de nuestra vida es definitivamente el aprender.

No quiero decir que en este caso de los hombres o mujeres aprender sería tener gran cantidad de novios o novias. Me refiero a tener una mentalidad más amplia en lo que son las relaciones de pareja antes de iniciar un noviazgo serio o llegar al matrimonio. De esta manera, al tener el conocimiento requerido se podrían evitar rupturas dolorosas y divorcios llenos de conflictos. En mi caso, llegue a la conclusión que por la falta de conocimiento y por supuesto el factor más importante que es el amor mi relación se fue a pique. Recuerden esto... si en una relación no hay confianza, no hay respeto, no hay comunicación, no hay compromiso y no hay amor definitivamente no hay nada.

El año 2015 definitivamente fue muy difícil para mí, pero paso. Paso dejando como resultado enormes huecos en mi alma. Como bien dice el dicho "no hay mal que dure cien años" y "no hay mal que por bien no venga". Pese a todas mis calamidades estaba dispuesta a luchar por mi vida costara lo que costara. Todos estos cambios y amarguras durante mi relación me dejaron trastornada y desconfiando de todo hombre que se acercara a mí. Aun sigo siendo demasiado cuidadosa en cuestión de las relaciones. Una de mis amigas piensa que si continuo de esta manera para cuando cumpla los ochenta años estaré lista para aceptar salir con un chico. Ja ja ja es imposible no reír a carcajadas cada vez que hablamos del tema. Es posible que ella tenga razón y puede ser que no la tenga en cualquiera de los casos dejaré que el destino me sorprenda.

Lo siento por aquel vecino bien educado que su única intención aquel día era ayudarme. ¡Cual fue mi sorpresa! Un par de días después miré a mi vecino salir de su apartamento con una chica por cierto muy bonita, enseguida me di cuenta de que era su novia. ¡Caray! de pronto sentí gran pena, no cabe duda de que mis pensamientos me tenían loca y no era la primera vez que me sucedía. Desde hacía un tiempo esto me sucedía más y más seguido es como si un torbellino de pensamientos alocados y fuera de la realidad se apoderan de mi mente rehusándose a salir de mí.

Suena traumático, pero esa era la etapa de la vida en la que me encontraba, vivía atormentada con todo tipo de pensamientos malvados. Tristemente esa era mi situación en aquella época ardiente no solo porque era verano si no porque el fuego de mi propio infierno interior me quemaba en carne viva. En fin, cada loco con su cuento... todo esto pasaba por mi mente en tan solo unos minutos que llevaba encerrada en mi auto tratando de realizar un simple paseo. En ese momento me era difícil decidir dar un simple paseo que en realidad no sabía si ayudaría en algo a mi estado de ánimo. Es probable que sí, pero se trataba de tomar una decisión y eso se vuelve algo complicado cuando se tiene miedo. ¿A cuánta gente no le pasa mismo? Por el miedo a tomar una decisión nos perdemos de lo mejor que la vida tiene para nosotros.

Ese día decidí seguir acorde a mi plan de dar el dichoso paseo, pero el calor era tan intenso e incómodo que me daban ganas de quitarme la ropa y lo consideré. No cabe duda de que en realidad estaba perdiendo el equilibrio... ja ja ja si lo hago entonces si habré perdido totalmente la razón pensé enseguida. Luego pensé... ¿Será que exista alguien en este planeta que le pueda ir peor que a mí? No lo creo, Pienso que soy la única desquiciada que no puede con su mugrosa vida. En ese momento me solté a llorar con un profundo sentimiento que me dejaba un hueco el estómago y sin ganas de nada. Me sentía totalmente sola y acabada como si todo a mi alrededor fuera un completo desierto.

Pasaban las horas, y yo seguía en el dilema si continuar el paseo o mejor dejarlo para otro día. Toda desorientada decidí manejar rumbo al parque más cercano a casa. Camino a él, mi mente seguía en apogeo pensando todo tipo de tonterías... tal vez debería regresar pensé, seguramente estará lleno de gente pretendiendo ser felices y parejas de enamorados que piensan que todo es color de rosa. Pobres ingenuos pensaba yo, si supieran que nada dura para siempre y que el amor de pareja es solo una farsa inventada por todos aquellos que tienen miedo amarse a sí mismos. ¡Dios mío! ¿Qué me pasa? De pronto pensé...de verdad que estoy mal ni yo misma me reconozco, me sentía como un desperdicio en esta vida.

En ese momento, volví a mirarme en el espejo del auto y me sentí más miserable que nunca quería darme de golpes en la pared, no pude hacerlo porque estaba en el auto. ¿Por qué me pasa todo esto a mí? Me sentía tan idiota he infeliz y de nuevo llegaba a mi mente esa pregunta que amenazaba en llevarme a la locura. Estaba tan enojada conmigo misma que sentía ganas de jalarme el cabello hasta arrancarlo. ¡Caray! Es increíble el tipo de pensamiento que llegan a la mente cuando uno está al borde de la locura. Hoy entiendo perfectamente a las personas que andan por la vida diaria amargados y renegando de todo lo que les sucede. No es fácil salir de todo esto, hay que tener los huevos bien puestos porque de lo contrario ya valiste. (perdona la expresión)

Cada reacción de una persona tiene una razón de origen y principalmente esas razones son originadas en nuestra propia mente. Un problema, ya sea financiero, sentimental o de salud tienen en su mayoría un inicio provocado por las decisiones que hemos hecho durante nuestra vida. Llega el momento donde nuestra mente nos acorrala en un círculo muy cerrado donde la primera reacción es no saber cómo lidiar con el problema y terminamos culpando a quien se nos cruce por enfrente. Hay que tomar en cuenta que cada decisión y reacción son provocadas por nuestras emociones, si no aprendemos a tomar el control de nuestras emociones seguimos cayendo siempre en el mismo error.

Si en cada momento de frustración lo único que pensamos y decimos es... no sé, no puedo, soy inútil o cualquier otra descripción negativa esa misma orden sigue nuestro cerebro. En verdad terminamos sin saber que hacer y cómo reaccionar ante cualquier problema o situación cuando nosotros mismos nos minimizamos. Vivimos pensando de una manera muy equivocada cuando ante cada situación lo primero que decimos es... "no se "sin darnos cuenta damos espacio a la mediocridad y nos convertimos en personas inseguras. Y en verdad terminamos sin saber cómo manejar nuestra propia vida. Ante tal dilema deprimente deberíamos cambiar tales pensamientos y declaraciones por el... yo sí puedo y si no tengo la solución la encuentro.

Podemos ser tan poderosos o débiles como nosotros queramos, basta con solo saber manejar nuestros pensamientos y descubrirse a sí mismo. Aunque la búsqueda pueda ser dolorosa y desgastante te aseguro que vale la pena. Pasar por todo tipo de caídas no te hace más torpe, te conviertes más fuerte. Y no voy a negar que existen momentos donde sientes que todo lo que haces es tiempo perdido, así mismo me sentía yo enredada en mi propia madeja ¿Pero ¿qué hago pensé? estaba en ese momento donde la desesperación, el coraje, la desilusión y la impotencia no me dejaban ver el lado bueno de la vida.

Estaba prácticamente encadenada a mi propia mente, atascada en mi propio lodo, quemándome en mi propio infierno. De lo que no tenía conciencia era de que solo yo tenía la responsabilidad y el poder de salir de mi atascadero, nadie más podía hacerlo por mí. Muchas personas cometen la imprudencia de comentar su vida privada con personas que consideran amigos. Aunque puede ser una muy buena manera de sacar eso que te ahoga por dentro esto puede ser contraproducente. No todas las personas son consideradas amigos ya que la amistad es un pacto no solo de respeto sino también de lealtad y no cualquier persona está capacitada para cumplir con esos requisitos.

Existe una gran diferencia entre un amigo de verdad y una persona conocida. Aunque, es muy bueno tener personas conocidas con quien puedas compartir buenos momentos, también es bueno ser cauteloso al momento de confiar información íntima con otras personas. Si tu situación es bastante difícil y sientes que no puedes solo(a) busca ayuda profesional. Existe un gran número de especialistas que están certificados para ayudar a personas con cualquier tipo de problemas. No todos contamos con la fuerza para salir del problema solo(a) en muchos casos es recomendable buscar ayuda profesional. No te sientas intimidado(a) a la hora de tomar tal decisión ya que con el simple hecho de hacerlo has dado paso a la superación de tu vida.

4

Tu mente puede jugar a tu favor o en tu contra

Aquel día, cuando tomar una simple decisión de dar un paseo era tan difícil seguí manejando y rogándole a Dios que tuviese algo de compasión por mí. Estoy segura de que en vez de compasión lo que Dios sentía hacia mí era pena por lo débil y mal agradecida manera de comportarme. Lo que sucede cuando estás en una situación desagradable te preguntas una y otra vez si tú eres la única persona en el planeta con tales desgracias. Y claro que no lo eres, lo que pasa es que nadie anda por la vida gritando sus penas cada uno lucha contra sus propios demonios internamente.

Podríamos decir que todos tenemos una vida secreta, lo que nadie sabe excepto nosotros mismos. Y todos tenemos esos secretos y miedos muy bien guardados. El miedo es parte de nosotros y se encuentra en nuestra mente, podría decir que algunas veces es bueno sentir miedo. El trabajo de nuestra mente es saber dominar el miedo. Es en nuestra mente donde se origina todo tipo de pensamiento y si no sabemos controlarla estamos expuestos a tomar malas decisiones. Recuerda que nuestra vida es un reflejo de lo que pensamos, de cómo actuamos, de cómo, reaccionamos y principalmente de nuestras decisiones. Procura sacarle el mejor provecho a tu mente ya que en ella se encuentra todo lo que necesitas para superar cualquier cosa.

Mi mente me tenía prisionera y la forma en cómo lo supere fue reconociendo que me encontraba en esa situación. Tuve que reconocer que era una víctima de mi propia mente y la única responsable de eso era yo. Así como reconocí que yo era la única responsable de todo lo que sucedía en mi mente, también reconocí que yo tenía el poder de controlar mi mente y mis acciones. No hay que ser un sabio para darse cuenta de eso, basta con analizarnos para darnos cuenta de que todo lo que somos y hacemos es ordenado por nuestra mente. Podríamos decir que la mente una máquina muy poderosa, solo que hay que aprender cómo funciona y después aprender a usarla.

Me gusta analizar a cada persona que se cruza por mi camino. Muchas veces me he encontrado con personas de mal humor y llenos de amargura. No sé si te ha pasado, pero en ocasiones vamos a un sitio en busca de un servicio y la persona que atiende te trata con la punta del pie. Actúan como si uno fuese el culpable de su amargura o desgracia. Es casi imposible no sentir coraje ante estas personas, pero lo único que pienso antes de sentir coraje por el mal trato es... ¿Con cuántos demonios internos luchará esta persona? ¿Cuál será su situación que no puede salir de ella?

En fin, todo ser humano lucha consigo mismo, podría decir que esa es la batalla más grande y cuando terminas venciéndote prácticamente puedes controlar el mundo entero. En aquel tiempo, yo no miraba mi situación de esa manera, estaba en el proceso de la lucha más grande de mi vida. Por lo menos quería ver que yo no era la única persona que pasaba por esta situación tan decadente de todo. Esa vez seguí conduciendo rumbo al parque. A distancia, a orillas de la carretera mire a una pareja joven tratando de arreglar la carcacha que manejaban, al parecer se les había sobrecalentado. Sentí algo de alivio y me dije... Bueno por lo menos no soy la única miserable estos también tienen sus problemas.

Al seguir y cruzando frente a ellos pude ver como él la levantó en el aire y le dio tremendo beso... me quedé de "ochenta" como dice mi mama. Yo, quien en ese momento creía que el amor era una historia barata llena de falsedades estaba mirando todo lo contrario. En seguida pensé... no puedo creer que la vida sea tan injusta conmigo. yo, que dedique mi vida a ese infeliz y lo único que hizo fue traicionar mi confianza no merezco estar en esta situación. Que he hecho yo para merecer tanta tristeza y soledad ¡Dios mío! Me sentía morir... En ese momento lo único que pude hacer fue llorar con fuerza para poder sacar todo mi resentimiento. Y no solo era resentimiento, era coraje conmigo misma.

De repente sentí unas ganas tremendas de golpear a alguien y creo que la persona indicada era yo misma por ser tan idiota. Otra vez y sin hacer esfuerzo alguno las lágrimas empezaron a salir como si ese botón automático solo esperaba la reacción para seguir la orden de mi mente. En realidad, no quería sentirme tan mal, pero era imposible dominar el sentimiento de impotencia y enojo que sentía mi alma. ¿Por qué duele tanto una traición me preguntaba? ¿Por qué me tuvo que pasar esto a mí? Tantas preguntas sin respuesta que vienen a la mente cuando te encuentras en esa enredadera de tu vida qué piensas que estarás allí de por vida y que no existe poder humano que te haga cambiar la situación.

La verdad estaba tan jodida que no podía ver más allá de mis narices...vaya maldita situación decía entre mí. En ese instante nada tenía sentido para mí. De repente pensé que era el final de mi vida. Me sentía atrapada, como en una enredadera de zarza. La zarza es una planta de bejucos enredosos cubierto de espinas. Este tipo de planta es muy común en el rancho donde nací, allá en el estado de Veracruz México donde los rayos del sol calientan a más no poder. Así mismo me sentía atrapada, cubierta de zarza y ahogándome de calor. Es increíble como una situación puede generar todo tipo de sentimientos.

En ese momento me imagine en medio de esa zarza y sabía que si salía de ella la piel se me rasgaría por las espinas. Imaginándome atrapada sabía que el precio a pagar era muy caro y que prácticamente saldría despellejada y con las heridas a flor de piel. ¿Pero que no haría por la libertad de mi alma? Me pregunte algo confundida, creo que merezco descubrir que es la felicidad, pero... ¿Quién puede darme esa felicidad? es increíble el número de preguntas y pensamientos que llegan a la mente y se apoderan de ti cuando estás en los momentos más vulnerables. A toda costa quería que alguien estuviera conmigo para sentirme amada y protegida. De lo que no tenía conciencia era que tal cosa no sucedería hasta que yo misma descubriera que yo era la persona indicada para amarme y protegerme. Es muy cierto que una de las necesidades humanas es sentirnos amados(a) por alguien, pero el sentido y sentimiento es totalmente diferente cuando has aprendido a amarte a ti mismo(a).

Estaba en el momento perfecto para darme cuenta de que nadie en este mundo podía darme felicidad sino yo misma. En verdad, en ese momento mi mente serrada creía como muchas personas siguen creyendo hoy, que ya sea tu pareja, tu trabajo, tu profesión, tus hijos u cosas materiales pueden hacerte feliz. Todo lo mencionado es solo parte de nuestra vida que aportan algo bueno y son el complemento de nuestra vida. Principalmente los hijos, ellos son lo más importante después de nosotros y la razón por la cual luchar por una vida próspera y llena de felicidad. Pero, si no aprendemos a encontrar esa felicidad en nosotros mismos jamás podremos alcanzar tan anhelada felicidad y mucho menos ofrecerles felicidad a los hijos.

En las relaciones de pareja la equivocación más grande es creer que ambos tienen la responsabilidad de hacer feliz el uno al otro. En ocasiones, me enferma el solo pensar como la gente se jura amor eterno cuando ni siquiera saben lo que es amarse a ellos mismos. Desde mi punto de vista la promesa hacia la pareja seria... me amo tanto que quiero compartir mi felicidad contigo y prometo seguir amándome el resto de mi vida. Puede sonar egoísta, pero no lo es de hecho es la mejor manera de poder ofrecer amor a alguien más. Tal vez pienses que soy amargada por pensar de esta manera, pero esto lo descubrí yo misma y el conocimiento te hace libre. No existe mejor manera de sentirte libre que descubrir que nada ni nadie puede hacerte feliz excepto tú mismo y que nada ni nadie te pertenece.

La responsabilidad es solo tuya, tu eres quien se tiene que comprometer a encontrar la felicidad. No voy a decir que todo esto lo descubrí de un día para otro, en realidad me tomó casi toda una vida, pero puedo decir que soy afortunada ya que otros mueren sin descubrir el verdadero amor.

El propósito de compartir contigo parte de mi vida es porque quiero que descubras el amor hacia ti mismo. Basado en mi propia experiencia el tener valor para enfrentarse a sí mismo es algo que cambia la vida radicalmente. Es una forma especial de ver la vida, es disfrutar cada respiro que das, es vivir con entusiasmo, es disfrutar de las cosas más simples.

Es vivir sin rencores y reconocer que todo ser humano está expuesto a cometer errores, es aceptar que todo pasa por alguna razón. Es sonreír, aunque no haya motivos, es darse cuenta de que en la vida solo vamos de paso y que lo que te hace eterno es a quien impactas de manera positiva en el camino de tu vida. En fin, la vida es hermosa y todos deberíamos tener derecho a vivirla a plenitud porque ese es un derecho que nos pertenece. La única condición para llegar a vivir a plenitud es que nosotros mismos tenemos que descubrir y encontrar esa belleza la cual reside en nuestro interior. Todo en nuestra vida nos llega por etapas. Tenemos que estar alerta y consciente que cada etapa y cada momento trae consigo un sin fin de aprendizaje.

No temas a las adversidades porque tú estás diseñado para vencer cada situación que se presente en tu vida. Las adversidades son esenciales porque ahí se encuentra una pieza clave que embona perfectamente en el rompecabezas de nuestra vida. Aunque en aquella etapa de mi vida tenía un gran resentimiento y coraje a los hombres a mi mente llegaba la curiosidad de que tal vez no todos eran iguales. A decir verdad, no tenía la certeza ya que solo había conocido a un solo hombre en toda mi vida. Nunca pude tener amigos hombres porque era una ofensa para quien en ese momento fuera mi pareja. Desconsolada y cansada deje que el tiempo fuera mi mejor maestro. Para ese entonces había agotado toda mi energía en una etapa que ya era historia. Solamente le preguntaba al universo que si había una salida que me la mostrara.

Lo pedí con tantas ganas que el Dios o el universo se compadecieron de mí. Es cierto que tomó mucho tiempo, pero llegó y aprendí la mejor historia de mi vida. Ojalá que todo fuese sencillo, o tal vez lo es, solo que nosotros mismo lo hacemos complicado. En mi caso era tan grande la desesperación que llegó un momento que solo quería que las cosas sucedieran rápido. Me preguntaba si en realidad existía una solución, si en verdad una persona era capaz de cambiar su manera de pensar y de sentir. Si una herida o una pérdida de un ser querido en algún momento podría ser superada. En momentos pensaba que si todo esto era posible cuál era el periodo de tiempo y cuánto más podría resistir el alma.

Creo, que todas las personas que hemos experimentado la pérdida de un ser querido, o la puñalada de una traición sabemos el tipo de sentimiento que nos embarga en esos momentos. Mi mente estaba más confundida que nunca. En ese momento quería que todo pasara tan rápido y que de la noche a la mañana despertará totalmente renovada y lista para por fin avanzar y empezar una historia totalmente diferente. Si había algo que me desesperaba tanto en aquel tiempo era el esperar. Siempre quería que las cosas sucedieran aprisa y a mi favor, pero esa vez era todo lo contrario. Creo que a todos nos pasa lo mismo, cuando una situación nos incomoda queremos que pase de prisa. Esto sucede porque nuestra mente reacciona a nuestras emociones y si algo no nos gusta queremos evitarlo a toda costa. Una de las cosas que no nos deja avanzar es siempre querer evitar lo que nos incomoda.

En parte, los seres humanos estamos acostumbrados a evitar todo lo que tenga que ver con hacer un esfuerzo extra. Lo sé porque estuve ahí, también lo sé porque existen muchas personas que siguen ahí. A decir verdad, esa fue una lección que jamás olvidaré. La vida no se equivoca cuando te pone ante una situación y si el proceso es tardado es porque necesitas aprender algo. Es importante saber controlar nuestras emociones porque si te apresuras ante una situación de la cual tienes que aprender es posible que la vida misma se encargue de repetirte la lección. He descubierto la mejor manera de poder reconocer y entender todo lo que nos pasa y porque nos pasa. Es muy simple, con solo aprender el funcionamiento de cada uno de nuestros órganos podemos darnos cuenta de cómo poder manejar nuestro cuerpo, pensamientos, decisiones y sentimientos.

Usualmente la gente no se interesa en conocerse a sí mismo ni aprender cómo llevar una vida plena. Muchos están ocupados y enfocados en sus problemas y enredos mentales. Yo estuve en esa situación y déjame decirte que es miserable. En el momento que toqué fondo descubrí que la única manera de poder salir de ese atascadero era si yo en realidad quería hacerlo. ¿Pero cómo hacerlo? otra vez la misma pregunta que daba vueltas en mi cabeza. Como salir de esa prisión imaginaria si a cada momento la mente me jugaba sucio. Por más que en ese momento quería hacer las cosas bien y concentrarme en lo positivo terminaba pensando un montón de estupideces que me dejaban en el suelo. ¿Sera que necesito más valor? Me pregunte ese día mientras conducía rumbo al parque. Si, eso puede ser pensé un poco confundida porque últimamente se me dificulta todo hasta decidir qué ropa quiero usar o si debería seguir comiendo carnes o volverme vegetariana.

La verdad es que no podía tomar una simple decisión. En seguida pensé… si no puedo decidir por cosas tan pequeñas entonces jamás podré tomar grandes decisiones. Termine sintiéndome como una completa idiota decadente de valor. ¿Sera que algún día podre renunciar a mi trabajo y poder hacer lo que en realidad me apasiona? me pregunté con gran incertidumbre. ¡Qué barbaridad! Cómo es que los pensamientos negativos por muy pequeños o grandes que sea te echan a perder toda una vida. Estaba en una confusión terrible, enseguida volví a mirarme en el espejo y como si mi mano se manejara sola me di tremenda bofetada ¡Caray! Que poca fuerza de voluntad tienes mujer me reprendí sin sentir ningún remordimiento. Eres la más estúpida del mundo me dije entre mí, si vives decadente de todo es porque tu así lo quieres, puedes salir de este hueco cuando tú lo decidas, pero te gusta sentirte la víctima y quieres vivir causando lastima. Era como si mi otra yo me reclamara por ser tan débil.

Todo este pleito y reclamos eran parte de mi imaginación. Imaginación que ya me estaba llevando a la locura. A la vez quería pensar que todo esto es una pesadilla de mal gusto, pero no esa era mi realidad y era mi vida. De pronto, me vi en el espejo de nuevo y dije... Dios dame fuerzas porque sola no puedo. ¿Cómo encontrar la salida cuando me encuentro en un callejón sin salida? En seguida llego a mi mente un pensamiento...tal vez yo tengo la respuesta a todo... y claro que sí. Uno mismo tiene la respuesta a todo, pero cuando te encuentras en una situación así... es como un sube y baja a veces estás arriba y otras veces estás abajo. Hay momentos que te sientes fuerte y otros donde te sientes vulnerable. Todo es cuestión de agarrarle el modo a este juego donde el reto es mantenerse y no caer y si te caes poder levantarte con más fuerzas y dispuesto a seguir luchando.

En mi caso, yo no contaba con nadie, era solo yo así que yo misma empecé a darme ánimos. Cada día decía entre mi...primero tengo que querer hacerlo, después tengo que agregarle una gran fuerza de voluntad y poco a poco ir sacando todo lo negativo que vive en mí. Sabía que a todo eso tenía que agregarle mucha paciencia y por supuesto disciplina porque sin disciplina prácticamente no se puede lograr nada. ¿Pero, en donde carajo venden todo esto? Yo quería obtenerlo todo como si por arte magia las cosas llegaran en un abrir y cerrar de ojos. Lo que yo no quería aceptar era que todo en esta vida es un proceso.

En verdad eso de desintoxicar tu mente es un proceso largo donde se pone a prueba tu paciencia y tu fortaleza. Es necesario hacer un esfuerzo extra para poder lograr cada cosa que queremos. Si creemos que es posible entonces así será, somos seres que podemos crear y creer lo que nosotros queramos. Solo nosotros somos responsables de cada pensamiento, cada emoción y cada reacción. Es increíble como una persona puede experimentar tantos sentimientos en un momento. Un ser humano puede vivir por un momento el pasado y puede sentir esas emociones vividas como si fuese sucedido ayer.

En verdad somos una maravilla solo que nosotros a veces no lo creemos así. Poseemos de un gran poder la pregunta es... ¿Qué hacemos con ese poder? La mayoría de las veces solo vemos en nosotros los errores que hemos cometido a través de nuestra vida y somos tan injustos que nos juzgamos de la manera más cruel y dolorosa. Si te lo digo es porque por mucho tiempo yo me sentí culpable de aquella mala etapa. Llegué a pensar que tal vez no fui lo suficiente mujer para obtener el respeto y la fidelidad de mi pareja. Y me culpe tan severamente que estaba permitiendo victimizarme y dejando arrastrar mi dignidad y mi valor de ser humano.

En un solo instante que estaba conduciendo mi viejo auto hacia el parque ese día, era increíble que llegaran tantos pensamientos miserables y para colmo ese calor despiadado que solo aumentaba mi desgracia. Ya no sabía si seguir el paseo o regresar, ¡odiaba sentirme así! Se supone que por lo menos ese día pasaría un momento agradable. Pero, de repente sentía que ningún lugar era para mí, sentía que no encajaba en ningún sitio. No importaba que tanta gente se encontrara presente de todos modos sentía ese vacío, esa maldita soledad, ese sentimiento de culpa y a la vez tristeza. En el fondo me daba cuenta de que nada ni nadie podía darme la tranquilidad que necesitaba mientras yo siguiera presa de mis propios pensamientos y aferrada al pasado.

Lo que no quería reconocer era que estaba sola y ese era el mejor momento de mi vida. En ese momento mi cabeza parecía un torbellino que arrastra con todo a su paso y yo dentro de él. Eran tantas cosas que envolvían mi batalla mental que había momentos que me faltaban las fuerzas y quería dejarlo todo por la paz y dejar que ese torbellino acabara conmigo. Existen muchos momentos de flaqueza donde es preferible abandonar todo porque pensamos que nada tiene sentido. De repente pensamos que a nadie le importamos y que todo lo que hacemos carece de importancia. Tu eres quien le importas a ti mismo(a) todo lo que hagas hazlo por ti. Si no te das ese valor nadie más lo hará por ti. Recuerda que todos están ocupados con sus propios dilemas.

Aquella tarde, hundida en mis dilemas sentía miedo y la misma vez me sentía culpable porque sabía que si mi alma sufría era porque yo lo permitía. Pero ¿De dónde sacar la fuerza? ¿Como le hago para no perder el control de mí misma? Me preguntaba todo esto algo desorientada. No puedo creer que yo misma me hiciera daño al permitir que mi mente viajara al pasado. Y eso lo hacía solo para hacerme daño y recordar toda esa basura que en su momento casi termina con mi vida. De verdad que era yo una masoquista. Creo que no existe persona más cruel que uno mismo. Sabemos que tal experiencia no es grata, pero aun así recordamos el pasado.

Si recordamos el pasado solo es para sentirnos víctimas y hacernos creer que estamos en tal situación por culpa de alguien más, cuando en realidad la culpa es solo nuestra. Porqué siempre nos pasa eso, ¿Por qué nos permitimos hacernos tanto daño? Me preguntaba a mí misma y me daba tanto coraje darme cuenta de que yo era la responsable de tanto sufrimiento. Era cierto que alguien alguna vez me lastimo mucho, pero no debí dejar que esa mala experiencia continuará causando más daño en mi vida. Tal Vez si hubiese dejado de pensar en el pasado y me hubiera enfocado más en el presente las cosas hubiesen sido totalmente diferente.

En realidad, nadie me obligaba a pensar solo en lo negativo que había pasado en mi vida, si estaba en esa situación era porque yo así lo quería. Todo esto pensaba mi mente en repetidas ocasiones creo que era mi yo interior que se asfixiaba y quería una respuesta a todas mis preguntas y una solución a todos mis problemas. Creo que todo ser humano debería tener algo de compasión por su propio ser y no ser tan mezquinos con nosotros mismos. No entiendo por qué siempre pensamos en algo o en alguien que alguna vez nos hizo sufrir, vaya manera de torturarnos. Estamos y estamos todo el tiempo con la misma basura que solo nos causa dolor y resentimiento ya parecemos disco rayado.

Muchas veces me miraba en el espejo y me decía... ¡mujer! Ya me caes mal porque siempre estas con el mismo tema... ya me enfadas con tu drama. Y de verdad ya me caía yo tan mal que ya no quería ni verme, jajaja en ocasiones quería huir de mí. En realidad, me canse de mí misma. Llegue al tope y no tenía escapatoria... podría tal vez huir de todo y de todos menos de mí. Nunca es demasiado tarde para hacer las cosas bien. En algún momento tenemos que darnos cuenta de lo que en realidad importa en esta vida. Me da tristeza darme cuenta de que no supe valorarme lo suficiente, pero a la misma vez me siento feliz porque pude encontrar el verdadero sentido de mi vida a tiempo.

Tal vez tú en este momento estás pasando por una situación similar, lo que puedo decirte es que... tu mereces vivir tu vida como tú lo deseas. No vivas pensando es en ese alguien, o en esa etapa de tu vida cuando pensaste que tu vida no tenía sentido y que era mejor no existir. Te diré algo que tal vez te sirva de consuelo... tú no eres la única persona que pasa por este fatal momento. Casi todo ser humano de este planeta pasa por esa etapa en algún momento de su vida, yo diría que es algo muy normal pareciera que es algo inevitable, pareciera que es una ley de vida. Todavía tienes tiempo para vivir buenas experiencias. Todavía tienes tiempo para encontrarle sabor a la vida. No te hundas en el abismo del miedo o de la culpa, haz lo que tengas que hacer con tal de salir a flote. Todavía tienes esta vida y todavía estás a tiempo de vivirla.

Estoy segura de que Dios nos diseñó a todos con esa particular cualidad, todos tenemos que experimentar la desilusión, la traición, el desamor, el rechazo, la soledad, la tristeza, el miedo y el dolor de perder a un ser querido. Cada uno de estos sucesos son con el fin de enseñarnos algo. Todo sucede para hacernos más fuertes y de paso encontrarle sentido a todo lo que nos ocurre durante nuestra vida. Cuando estamos en una situación de confusión todo depende desde qué punto de vista mires las cosas. Cada uno decide cómo reaccionar ante los problemas y también como y cuando queremos salir de ese enfrascamiento.

Le llamo enfrascamiento porque es como estar dentro de una botella donde sientes que te falta el aire y si continuas allí dentro terminaras sofocado. Muchos llegan a enfrascarse tanto que de alguna manera les gusta estar en tal situación o tal vez se han acostumbrado a ella. Viven tan acostumbrados que pareciera que vivir de manera tan mediocre es lo normal. Han perdido el verdadero sabor de la vida y pensar lo contrario les asusta y prefieren seguir viviendo su infierno. Algunas personas llegan a este punto porque no pueden verse viviendo una vida diferente, de alguna manera dejaron morir lo que alguna vez soñaron.

Muchas personas salen de ese enfrascamiento en poco tiempo, a otras les toma mucho tiempo y algunas otras no lo hacen nunca y terminan muertos en vida. Pero ¿Por qué pasa esto? Yo me atrevo a creer que todos tenemos distintas razones o mejor dicho excusas. Y si le llamo excusas es porque así es. No queremos salir de ese estado miserable porque de alguna manera nos gusta sentirnos víctima de lo que haya sucedido. Aunque tal suceso nos atormenta y lastima sin piedad estamos tan adictos a ello que nos gusta y el tenernos lástima de alguna manera nos hace sentir bien. Es como un calmante que funciona momentáneamente y mejor aun cuando familiares o amistades se compadecen de nuestra situación de mediocridad.

Sin tomar en cuenta caemos en ese círculo vicioso del cual es difícil salir y nos volvemos expertos en el victimismo he inventamos cualquier cosa para no reconocer que los únicos culpables de nuestra vida fracasada somos nosotros mismos. Y yo no digo que los errores sean malos, lo malo es no aprender nada de esos errores. Cada error nos enseña una lección que tenemos que aprender. No existe ningún error que no venga lleno de aprendizaje, lo malo de esto es cuando no lo entendemos y seguimos cometiendo los mismos errores una y otra vez.

Te digo todo esto porque esa fue mi experiencia en esa etapa de la vida la cual hoy sigo recordando y batallando con mi mente para cambiar el rumbo de mi vida. Hablando de rumbo... te cuento que aquel día dejé el paseo para después creo que esa fue la última vez que en vez de paseo regrese a casa con hamburguesas, papas fritas y helado de vainilla. Te contare más a fondo todo lo que pasó en mi vida para que entiendas más del por qué toda esta conversación patética, pero a la vez con mucho que aprender. No quiero decir que soy una experta en todo porque no es así, he aprendido a sacarle jugo a cada experiencia en mi vida. Estoy convencida que la mejor manera de aprender es analizando cada detalle de lo que nos sucede y para que nos sucede.

Hablaré en tiempo actual, si empecé esta conversación basada en el año 2015 es porque fue uno de los años con más tropiezos en mi vida. Aunque por toda esa experiencia me haya caído hasta el fondo, hoy no cambiaría nada de lo que sucedió ya que gracias a eso hoy me considero una persona renovada en totalidad. Estoy dispuesta a cometer nuevos errores si es necesario, todo sea por seguir descubriendo los misterios de la vida. Ummm... siento una ligera sensación de emociones revoloteando en mi estomago solo al imaginar todo lo que podemos descubrir con solo estar dispuestos a vivir la gran aventura. Porque en realidad eso es de lo que se trata, estamos en este mundo maravilloso para vivir lo mejor posible. Estamos aquí para descubrir el misterio que cada ser humano guarda dentro de sí mismo. Estoy convencida que todos tenemos el poder de crear la vida que queremos. Todo ser humano puede cambiar el rumbo de su vida en cuanto decida hacer un cambio.

Somos seres que evolucionamos día a día y eso me parece fascinante no hay un solo día que no aprendamos algo nuevo. Si estás dispuesto a vivir tienes que estar dispuesto al cambio y eso conlleva a un compromiso con tu persona. Tienes que comprometerte a encontrar los caminos por los cuales tu desea caminar. No te limites cuando de aprender se trata ya que es la única manera de evolucionar. Es bueno vivir la vida esperando cosas buenas. Y si algo no sale bien debemos tener la capacidad de resolver cada conflicto que se atraviese en nuestro camino. Cada día que veo el amanecer me siento de lo más afortunada y entusiasmada por lo que el día traerá consigo. Aunque la rutina parezca que todo es repetitivo un solo pensamiento hace que cambie el panorama del día y de la vida. Yo no miraba la vida de esta manera hasta que ella misma me dio un par de bofetadas y le tome el más grande respeto.

Hoy pienso que no hay privilegio más grande que vivir, pero vivir de verdad no solo pretendiendo una felicidad que no existe. Creo que debemos estar dispuestos a perdonar más, a soñar más, a imaginar más y preocuparnos menos. La vida puede resultar demasiado corta como para no vivirla y sería un verdadero desperdicio desaparecer sin dejar rastro de lo que fuimos. Creo que nunca se es ni demasiado joven ni demasiado viejo para realizar todo aquello que nos apasiona, solo se requiere de grandes esfuerzos y una voluntad tan afilada como una navaja que corte con todo obstáculo que se nos cruce por el camino.

Desde que yo era una niña soñaba con ser artista, siempre me gustó el baile, la actuación, la escritura y la música. Para mí, el imaginarme en los escenarios y rodeada del público era emocionante, nunca lo comente con mi familia por miedo al rechazo. Para mí era y sigue siendo algo fascinante usar mi imaginación, de esa manera podía ver lo que solo mi mente era capaz de crear. Desafortunadamente en el ambiente donde yo crecí y las costumbres que han venido de generación en generación tener este tipo de aspiraciones era ir en contra de lo que supuestamente está destinado para una mujer. En ese pequeño pueblo donde viví mi niñez y nacieron mis sueños de grandeza lo típico para las chicas en ese tiempo era cumplir los quince años y después ir mirando quién de los muchachos era mejor candidato para formar una familia, tener hijos y de alguna manera envejecer sin sueños que cumplir.

Esa solo idea era aterradora para mí, yo no quería terminar con una vida vacía como muchas de las mujeres del pueblo. Siempre tuve una mente alocada llena de aventuras y aunque hubo un chico que según él pretendía estar enamorado de mí no fue suficiente como para que yo optara por encerrarme a una vida sin futuro. A pesar de mis solo catorce años no deje que el sentimiento de conformismo fuera mayor que mis sueños. Yo quería volar y sabía que el cielo era infinito y aunque todo parecía que estaba en mi contra aun así opte por lo difícil y rechace la propuesta de aquel noviazgo que por seguro me llevaría al matrimonio.

Ese chico era evidentemente mayor que yo, cosa muy común en mi pueblo que los hombres mayores se casen con chicas jovencitas. Tal vez el pensó que sería fácil tener una relación conmigo y a cercano futuro nos escaparíamos como lo hacían todos y después hacer una vida de pareja. Eso era muy poco excitante para mí ya que la visión que yo tenía para mi vida era otra totalmente diferente. Nunca llegamos a nada, una porque mi mamá era muy celosa y no dejaba que alguien se acercara a mí. En ese tiempo ella tenía toda la razón primeramente porque yo era una niña. Con el pretexto de ir a mi casa y comprar algunos dulces o refrescos este chico se acercaba a mí y platicábamos por algún rato.

Lo chistoso o tal vez romántico era que solo podíamos platicar a distancia había una ventana de madera que nos separaba. Platicábamos de cosas sin importancia que ya no recuerdo. Lo que sí recuerdo muy bien es que cuando él tuvo el valor de hablarme de amores se llevó la gran sorpresa. Me dijo lo que él planeaba conmigo, y como lo sospeche era algo serio. Me dijo que si yo estaba dispuesta me robaría en cuanto yo quisiera. Eso para mí fue tremendo yo no lo esperaba y mucho menos quería ese tipo de vida. Además, existían algunas diferencias a las cuales yo no estaba dispuesta a acceder. Yo era y sigo siendo una chica soñadora, le pregunte que estaba él dispuesto a hacer o renunciar por mí.

Algo que nos hacía totalmente opuestos era que ambos éramos de religiones distintas y al yo ser parte de su vida era traicionar a mi padre quien jamás me hubiese perdonado tal decisión. En ese tiempo yo tenía una idea totalmente distinta en cuestiones de religiones. Hoy pienso totalmente diferente a lo cual me parece que cada persona es libre de elegir. Bueno, para terminar con esta historia de amor frustrante he inmadura no llegamos a nada. De alguna manera me sentía como una princesa no tan fácil de conquistar, pensaba que mi príncipe llegaría algún día y haría hasta lo imposible por conquistarme Ja ja ja... tonterías de chicas.

Así que lo puse a prueba, pensé entre mí ... voy a ver qué tan valiente y dispuesto está, y le pregunte... ¿Tu estas dispuesto a renunciar a tu religión y vivir la aventura de la vida conmigo? Hoy no puedo creer la idea tan alocada la mía en aquel momento. Sólo tenía catorce años y me sorprendo de como pude manejar la situación. A decir verdad, esa locura interminable es la que me ha identificado hasta el día de hoy. En ese tiempo, el mayor obstáculo eran nuestras religiones. Obviamente la respuesta de él fue no, entonces la mía hacia él fue... por ahí donde llegaste te vas, aléjate de mi vida y no vuelvas nunca. Así fue como terminó ese romance que en realidad nunca empezó.

En realidad, nunca fuimos novios y aunque yo sabía que muchas chicas estaban interesadas en él a mí no me importo. Para las chicas del pueblo él era el candidato perfecto, pero a mí no me intereso en lo más mínimo. Mis sueños eran más grandes y no estaba dispuesta a cambiarlos por nada ni por nadie. En mi mente solo quería alimentar la idea de salir del pueblo y no regresar jamás. Sabía que si quería vivir la aventura de mi vida tendría que buscar la manera de realizarlo, y definitivamente no estaba ni en mi pueblo ni con ese chico. De lo que no tenía ni la menor idea era de lo que la vida tenía reservado para mí. En verdad aquel dilema de amor con ese chico no era nada comparado con lo que más tarde llegaría a mi vida.

El tiempo pasó y las circunstancias cambiaron. Mi meta era llegar a Estados Unidos donde yo creía que realizaría todos mis sueños en un dos por tres. En ese tiempo mi mente fresca e inocente de niña no contaba con la madurez como para tomar las mejores decisiones y termine tomando la equivocada. Todos mis sueños fueron enterrados en lo más profundo ya que la realidad era totalmente distinta a lo que mi mente había creado. Aunque aquellos sueños nunca murieron y seguían en mi interior como una pequeña chispa, cada vez sentía que me alejaba más de ellos. Con el pasar del tiempo y las malas decisiones que tome, cada vez desaparecían más y más.

Cuando era solo una adolescente, no conté con la comprensión que yo quería en ese momento principalmente de mi mamá. Mi mamá era una mujer extremadamente protectora y creo que exagero conmigo. Ahora entiendo que solo quería cuidarme a su manera, acto que se lo agradeceré toda mi vida. A ella la amo con toda mi alma y no la culpo de cómo fue nuestra relación en esa etapa, hoy entiendo que ese fue el modo de cómo la educaron a ella y solo estaba tratando de protegerme. En un país desconocido y sin el apoyo de una figura paterna me sentía más sola que nunca. Es increíble el impacto que los padres pueden causar en la vida de los hijos ya sea negativo o positivo. Muchos tienen la fortuna de contar con ambos padres, otros crecemos con una parte vacía donde solo existen unos pocos recuerdos que queremos atesorar toda la vida.

Aunque mi madre hizo todo lo que ella pensaba que era lo correcto no pudo controlar mi manera distinta de pensar y actuar. Ella es la mujer de mi vida y para mí es irremplazable, pero creo que hasta el día de hoy ella sigue sin entender porque soy tan alocada como siempre solía decirme desde niña. Yo solo quería descubrir las aventuras de la vida y si hubiese sido posible me hubiera comido el mundo a mordiscos. Como no lo pude hacer en ese momento, lo estoy haciendo hoy. Nunca es tarde, lo he dicho siempre y seguiré pensando de la misma manera hasta el último día de mi vida. Cada cosa que quieras hacer hazlas hoy, las palabras que quieras decir dilas hoy, cada sentimiento que quieras expresar hazlo hoy. Cada expresión de amor que quieras hacer hazla hoy.

No entiendo porque mucha gente espera hasta el último momento de su vida para expresar amor a las personas especiales. Otros se mueren sin amar y sin haber tenido el valor de luchar por sus sueños. Lamentablemente yo no estaba ni en el lugar adecuado ni en el tiempo correcto. Para una chica de mi ambiente social pensar en grandezas era casi un pecado y querer ir más allá de solo ser una rancherita soñadora era casi imposible. En ese tiempo llegó a mi vida un chico más listo que sí supo envolverme y hasta hace apenas unos años me pude liberar de él. No lo culpo en todo porque yo también cometí errores, pero fueron diferentes tipos de errores nada que ver con lo que el término por hacer. Lo único que yo quería en aquel tiempo era obtener la confianza de alguien especialmente de mi madre, de alguna manera quería demostrarle que yo había nacido para realizar grandes cosas.

Para mí era de suma importancia que ella confiara en mí, pero nunca sucedió. Y no la culpo, creo que el miedo y la preocupación que ella sentía la hacían protegerme de manera exagerada. Por más responsable que yo me comportara ella seguía empeñada en protegerme en exageración a tal grado de no dejarme salir ni a la esquina. En verdad fue difícil para mi entender esa parte, yo solo quería tener la misma libertad que las otras chicas de mi edad. Por coincidencia, hace unos días charlando con una amiga sacamos el tema ha conversación, y me dijo... cuando yo tenía quince años mis padres me protegían mucho y al prohibirme casi todo termine haciendo las cosas a escondidas.

Mi amiga, me comentaba que al no contar con el conocimiento y siendo inexperta lo que sucedió fue que salió embarazada. Me comentó que después de que ya había hecho las cosas mal ellos mismos le dieron la opción de que hiciera de su vida lo que ella creyera conveniente. En ese momento, mi amiga comentaba que estaba más confundida que nunca. Una era porque sabía que estaba metida en un lío del cual ella sería responsable toda su vida y otra porque no sabía cómo enfrentarse a la vida. Me dijo que en ese momento le tuvo miedo a la libertad ya que para ella era totalmente desconocida. Me dijo un tanto desconsolada... en realidad yo era solo una mocosa que hizo las cosas mal solo por querer experimentar la vida.

A todo esto, le respondí a mi amiga que no se sintiera mal que ella no era la única y que ambas compartíamos la misma experiencia. Le comenté acerca de mi propia vida y lo difícil que había sido para mí pasar y salir de la misma situación que ella. Creo que todos tenemos una historia donde sin querer hemos metido la pata. Aunque yo era demasiado joven en ese tiempo para mí la lealtad y confianza se convirtieron en valores de suma importancia. Me obsesioné con la idea de obtener la confianza de alguien ya que no la pude obtener de mi mama. Siempre mantuve en mi mente que esos dos grandes dones jamás los rompería y para mi serian fundamentales.

Tome el camino equivocado tratando de encontrar en alguien el apoyo que no tenía con mi familia. Dedique gran parte de mi adolescencia a querer ser aceptada, valorada y de alguna manera ganarme la confianza de quien se convirtiera en mi pareja. Es por eso que desde mi punto de vista y experiencia considero de suma importancia que los padres aprendan a construir buena relación con los hijos principalmente cuando se trata de la confianza. Es verdad que los jóvenes tienden a cometer más errores que una persona adulta, pero si los sobreprotegen y le prohíben todo terminan cometiendo error tras error.

En toda relación tiene que haber un balance, establecer reglas y tener buena comunicación para que se puedan crear lazos inquebrantables. En mi caso personal las cosas no salieron como yo quería y el no tener el apoyo y mucho menos el conocimiento tome la decisión de irme de la casa con aquel chico que como dicen por ahí... me lavo el cerebro. Aunque no estaba enamorada de él, para mí en ese momento fue la mejor opción. Él fue demasiado listo ya que me prometió la luna y las estrellas como dice mi mama. Debido a mi alto nivel de ingenuidad no medí las consecuencias y la rebeldía de la adolescencia me llevó a equivocarme de manera fatal e irreversible.

A mi corta edad llena de sueños y metas por alcanzar pensé que la vida iría de acuerdo con la imagen que solo existía en mi imaginación, pero en realidad eso solo era el comienzo de un largo camino que tenía que recorrer. Es verdad lo que dice un dicho muy conocido, Nadie escarmienta en cabeza ajena solo en la propia. No entraré en detalles porque ese es otro tema que compartiré contigo en mi siguiente libro. Pasaron los años y mi sueño de ser artista quedó arrumbado en un rincón sin la más mínima posibilidad de algún día poder realizarse. Él no estaba dispuesto en apoyarme en mis locuras de realizar sueños tontos.

Es curioso cómo una persona puede optar por morir en vida solo por querer agradar o por querer ser aceptado por alguien. En otros casos, por el miedo a perder algo o a alguien personas pasan la vida sometidas a reglas que van en contra de su voluntad sólo porque a un ser mezquino y resentido le da la gana.

He escuchado varias veces a personas decir... si él no es feliz conmigo no lo será con nadie más. La parte más triste de todo esto es que cuando existen hijos de por medio los usan como armas para poder controlar a la otra persona. Esta manera sucia de comportarse solo lo hace una persona falta de amor propio y escasa de conocimiento, ya que no acepta que todo en la vida tiene un principio y un final.

Existen muchas maneras de cómo uno mismo se complica la vida y de paso se la complicas a alguien más. En mi caso personal, dedique mi vida a tratar de complacer a mi pareja en todo pensando que tal vez algún día él podría verme como una persona importante en su vida. Cosa que nunca sucedió y prácticamente me convertí en su esclava. No lo voy a culpar a él en todo porque yo también me comporte mal cometiendo innumerables errores. Con el simple hecho de aferrarme a querer ser importante para él fue uno de mi más grande error. Nunca fui de su agrado ya que la inseguridad de su parte lo llevó a celarme de manera enfermiza. El siempre desconfío de mí, y creo que en mi afán de adquirir su confianza termine por obtener todo lo contrario.

Pese a que mi vida era un infierno y una parte de mi estaba casi agonizando mi orgullo de mujer dentro de mí daba vueltas como una fiera lista para atacar, pero a la vez presa de sí misma. A pesar de sus acusaciones siempre mantuve mi frente en alto ya que nunca le fui infiel y siempre lo respete, aunque nunca haya estado enamorada de él. Él era un hombre demasiado celoso e inseguro y eso causaba que el desconfiara y pensara que yo podría ser le infiel. Hasta este momento sigo pensando que la infidelidad es el acto más cobarde y sucio que un ser humano puede hacer no solo por el hecho de satisfacer las más bajas pasiones si no por el daño causado a terceras personas. No lo hice y no lo hare jamás.

No solo por mi dignidad que es lo más importante, si no porque se cumplir una promesa. Siendo todavía una chiquilla jure frente a la tumba de mi padre que jamás en mi vida sería una mujer infiel. En alguna ocasión se lo dije a quien fuera mi pareja y no me creyó, la verdad hoy me importa muy poco lo que él o alguien más piense de mí. Me considero una persona auténtica y de palabra, si hago una promesa la cumplo, aunque me cueste la vida. Una cosa que aprendí recientemente debido a una experiencia es que nunca debemos hacer una promesa que no podamos cumplir. Muchas veces nos dejamos llevar por las emociones y no actuamos con inteligencia y esto causa que actuemos de manera equivocada.

Para una buena relación no hay nada mejor que siempre hablar con la verdad y no hacer compromisos de los cuales no estemos dispuestos a cumplir. En mi caso, no tenía la experiencia y aunque la relación no era mala tampoco era la mejor ya que yo siempre hacía un esfuerzo extra y pensaba que algún día podría amarlo. Existe un gran número de personas que pasan o se encuentran en una situación similar a la que yo pase. Estoy totalmente en desacuerdo, una persona no debería aceptar una relación con alguien si no existe un interés que pueda ir más allá de solo atracción física. No es posible que principalmente nosotras las mujeres tengamos que aceptar relaciones pensando que con el tiempo la situación o sentimientos puedan cambiar.

Tiene que existir un compromiso e interés mutuo, no es de que solo uno debe hacer todo el esfuerzo para que una relación funcione, además de que siempre debe estar de por medio el respeto hacia ambos. Y no solo se trata de respeto sino también de lealtad, confianza, y comunicación.

El error más grande que mi pareja cometió fue el dudar siempre de mí. Tenía tal desconfianza en mí que la vida empezó hacer un calvario para ambos, por más que le jure que por encima de todo yo cumpliría mi palabra y jamás deshonraría mi nombre y el de él, aun así, él nunca creyó en mí. Esta situación me consumió por años y lo único que mi mente pensaba era... como le hago para convencerlo de que soy una persona recta. Esta situación me alejo por completo de mis sueños, lo único que yo quería en ese momento era la confianza de parte de la persona con la cual yo pensaba que viviría el resto de mi vida, sin importar si lo amaba o no.

Él fue mi único novio, él fue mi única pareja y aun así él seguía inventando una barbaridad de calumnias hacia mí. Puede parecer increíble, pero en aquella época nunca salí a una cita romántica ni con él ni con nadie más. Hoy recuerdo toda esa vida y es como si yo hubiese estado perdida en el tiempo. Simplemente no le tome el valor a mi persona y desperdicie lo que jamás se puede recuperar, el tiempo. Es por esa razón que hoy vivo enfocada en el presente y no reniego de mi pasado porque me enseñó lo que hoy me sirve para motivarme y pensar que si puede salir de esa situación alguien más también puede hacerlo.

Independientemente que tu seas hombre o mujer y estés viviendo una situación similar, quiero decirte que le des valor a tu vida, tu eres una persona que vales mucho.

Aunque en mi caso personal no viví una vida de adolescente como las demás chicas y hasta el momento hay muchas cosas que desconozco, aun así, no cambiaría por nada cada golpe que me ha dado la vida. Lo triste de situaciones como esta es que hay muchas personas que aún siguen viviendo así. No tienen el valor de enfrentarse a lo que sea por vivir sin ataduras, sin miedos, sin culpas y sin el temor a lo que diga la gente. Me refiero principalmente a las relaciones de pareja porque es lo más común, muchos viven de las apariencias solo por el miedo al "qué dirán" les aterra la idea de que la gente sepa la realidad de sus vidas como si sus vidas y la felicidad dependiera de la gente. Esa sí que es una verdadera pena y desde mi punto de vista lo veo como cobardía y lo digo así porque yo misma lo viví no porque alguien me lo haya contado.

Después de vivir por años en esa guerra lo único que causo fue un gran resentimiento de mi parte hacia él. Nunca me dio el valor que yo quería, nunca confió en mí y eso causaba un gran dolor en mi alma. Hoy sigo sin entender cómo algunos hombres pueden dejar ir un tesoro por el simple hecho de no saber cómo cuidarlo y valorarlo. No quiero decir que todos los hombres son iguales, solo hablo debido a mi experiencia. Estoy segura de que existen hombres que de igual manera se embarcan con mujeres que no saben valorarlos y terminan haciéndoles la vida imposible. La diferencia es que los hombres no hablan mucho de estos asuntos porque piensan que de alguna manera está de por medio su honor de hombre. Y está bien, pienso que es de lo más normal y a decir verdad eso habla muy bien de los hombres, que a pesar del mal trato que le dé o le haya dado una mujer aun así no hablen mal de ella. Ese comportamiento es de un caballero.

En lo que no estoy de acuerdo es que tengan que aguantar una mala vida solo por no valorarse como persona.

Los hombres, por más caballeros que quieran ser no deberían vivir sometidos a condiciones tóxicas por parte de su pareja que en muchos casos usan a los hijos para hacerles la vida imposible. Tanto hombre como mujer nos merecemos respeto, hagamos un esfuerzo por vivir una vida bien. Aunque a diferencia existen hombres cobardes que ventilan asuntos íntimos pretendiendo ser muy machos conquistadores y ponen por el suelo la dignidad de una mujer. Lo único que resultan ser es un verdadero asco y de hombres no tienen ni el nombre. Y esta no es ninguna indirecta, simplemente al que le quede el saco que se lo ponga. En lo personal, aunque pase por muchos desprecios por parte de quien fuera mi pareja y a cada momento me hacía sentir sin valor he aprendido a perdonar.

Lo único que hoy puedo decir es que jamás le daré el poder a nadie de hacerme sentir menos o que no tengo valor como persona.

No me considero una víctima sino todo lo contrario, creo que toda mujer u hombre que haya pasado por momentos difíciles debería sentirse casi invencible no por las veces que hemos caído si no por las veces que nos hemos levantado con más fuerza. Sin importar lo cruel que una persona haya sido conmigo y lo mucho que me haya lastimado en su momento quiero siempre tener una buena imagen de él o ella. He tenido varias experiencias con personas que sin conocerme han arrojado todo su veneno y energía negativa sobre mí, pero he tenido la capacidad de decidir si les doy el privilegio de hacerme daño, o decido ignorarlo por completo. Esta es una técnica que todos pueden aprender y aplicar contra este tipo de personas. Recuerda que tú tienes el control de tu vida, no permitas que nadie logre amargar tu vida.

Quiero pensar que todo ser humano que muestra crueldad muy en el fondo de su alma esconde algo bueno. Lo único que puedo hacer es pedirle a Dios que ilumine su vida y que en algún momento encuentren la paz y el verdadero sentido de la vida. Todos estamos expuestos a encontrar gente negativa en cualquier lugar eso es algo que no podemos controlar. Lo que sí podemos controlar es la reacción de nosotros a ese tipo de personas. Debido a lo que he tenido que vivir y las experiencias que he tenido que enfrentar me doy cuenta de que no es fácil lidiar con uno mismo. Entonces, ¿Porque permitimos que alguien más llegue a descomponer nuestro día o nuestra vida? Nunca permitas que una persona negativa entre a tu espacio de paz interior, a este tipo de personas les llamo ladrones de paz. Enfócate en ti y en nadie más, demasiado es tener que lidiar con uno mismo como para estar prestando atención a terceras personas que solo quieren acabar con tu tranquilidad.

Cada día nos enfrentamos a la vida con la opción de elegir el estado de ánimo en el cual queremos pasar el resto del día. Pareciera sencillo, pero cuando te encuentras en esos dilemas del diario vivir atrapado en los pensamientos de impotencia llega el momento que sientes que tu vida no va a ningún lugar. Cuando yo experimento este tipo de situación pienso en solo dos opciones y me hago la pregunta... ¿Quiero estar feliz o quiero sentirme miserable? Dependiendo de la respuesta me doy cuenta de que tan dispuesta estoy a querer trabajar en mí y en la importancia que le otorgo a mi persona. Sentirse en ocasiones cansado(a) y estresado por no alcanzar aquello que te has propuesto es algo que todo ser humano experimenta por naturaleza.

Este sentimiento estará presente muy a menudo si estás en el camino de hacer grandes cambios en tu vida y créeme que entre más dispuesto(a) estés a buscar esos cambios más te enfrentarás a retos que si no tienes el coraje necesario para continuar te quedarás a mitad del camino. A veces pienso lo difícil que puede ser para una persona vivir con tanta basura en su alma y no tener un motivo para darle un giro diferente a su vida. Es por esta razón que me di a la tarea de escribir este libro, el propósito es que te des cuenta de que todos pasamos por momentos difíciles, que la vida te pondrá al borde del precipicio y que la vida te hará enfrentar las experiencias más duras, pero todo con el propósito de que te conviertas en una persona fuerte y segura de ti mismo(a).

Se que todos somos distintos y que las adversidades por las cuales pasamos son diferentes, pero lo que nos hace similares es que todos tenemos la misma capacidad de salir de cualquier enredo. Recuerda que todo nuestro poder está y empieza en nuestra mente. Si tú tienes la capacidad de imaginar una vida llena de paz, felicidad, armonía, salud, éxito y amor es por porque sencillamente lo puedes lograr. Si existe algo que hasta el momento no hayas logrado en tu vida es porque tú no quieres hacer ese esfuerzo extra para que suceda. Es verdad que cuando queremos arreglar una parte de nuestra vida y hacer ese cambio lo primero que llega a nuestra mente son las razones por la cual no podemos hacerlo.

Encontramos miles de razones de él porque lograr lo que queremos se convierte en imposible. Y sabes que... A todos nos sucede lo mismo no existe ser humano que no sienta un poco de miedo al momento de tomar grandes decisiones. Si en realidad quieres un verdadero cambio en tu vida tienes que estar dispuesto(a) a lo que venga y si tienes miedo igual hazlo con todo y miedo. Algunas personas además de tener ese miedo personal cometen el error de otorgarle el derecho a alguien más que controle su vida por ello nunca se atreven a vivir como ellos quisieran, y hacer cambios para una vida mejor lo convierten en imposible. Estoy convencida de que cada persona es libre de tomar las decisiones que mejor le parezca sin tener que vivir acomplejado tratando de complacer a la familia o a la pareja. Si expongo esto a conversación es porque me paso a mí, es porque cuento con la experiencia de saber lo que es vivir queriendo complacer a alguien más.

Se muy bien lo que se siente tener miedo a tomar decisiones y enfrentarse a la vida con miedo. Se lo que se siente querer convencerse a uno mismo de ir en contra de sus sueños, a conformarse con una vida que no quieres solo por no querer lastimar a alguien que tal vez ni te lo agradecerá. En la vida las cosas son o no son, es como un," sí o un no" cada uno es determinante, no existen intermedios o sucede o no sucede así de sencillo. Así mismo sucede con tus decisiones y lo que quieres para tu vida, nadie te obliga a nada y en cualquier situación en la que te encuentres es por decisión propia. Creo que si como seres humanos inteligentes que somos tomásemos esto en cuenta tendríamos una vida mejor.

5

Traición

Un día, cuando yo estaba más convencida de renunciar a mis sueños y convertirme en una ama de casa sumisa y abnegada llegó la bomba que arrasó con todo lo que encontró a su paso. Para ese entonces yo no estaba preparada para nada, fue algo así como quedar atrapada en medio de una tormenta sin abrigo y sin un lugar donde refugiarse. Lo recuerdo muy bien, era un día por la tarde cuando recibí una llamada de un número desconocido, al contestar alguien me dijo... tu marido te engaña él tiene una amante y te lo puedo comprobar. En ese momento sentí como la sangre corría por mis venas al punto de querer explotar.

Esa persona me aseguro de que contaba con las pruebas necesarias para sacarme de la duda. Ahora, que han transcurrido varios años y tengo el conocimiento adecuado para enfrentarme a cualquier situación no quiero ni recordar semejante situación. No se cuál era la intención de aquella persona ni me interesa ahora. Lo que sí causó tan generosa acción de su parte al compartir dicha información fueron varios años de sufrimiento. Pero, al final de todo ese sufrimiento aprendí una gran lección y nació la mujer que soy hoy. Aquel día esa persona me dio todos los detalles necesarios para llevar a cabo la investigación que según ella me haría abrir los ojos.

De acuerdo con sus afirmaciones, seguí sus instrucciones al pie de la letra. Muy segura de dicha información me dijo...el jueves por la tarde cuando el salga del trabajo lo sigues y veras que todo lo que te he dicho es verdad. En ese momento sentí como la sangre corría por mis venas envuelta en llamas y con una desesperación que quería gritar y llorar a todo pulmón. Sentía que el mundo se caía en pedazos sobre mi cabeza, a la misma vez pensaba en todos los años que había dedicado a la relación. Era una combinación de coraje e impotencia y al final una pena tremenda por mí misma. En ese momento me sentía arrepentida de haber dedicado toda una vida con él.

A la misma vez pensé no darle crédito a esa persona desquiciada que me había contactado. Eran tantos los pensamientos que llegaban a mi mente que yo quería enloquecer. Es increíble como en solo cuestión de segundos la vida te puede cambiar ya sea para bien o para mal dependiendo de la situación o decisiones. Cada día tomamos decisiones, algunas más estúpidas que otras, en el caso de las personas que se arriesgan a ser infieles pienso que llegan conscientemente al colmo de la estupidez. La razón por la cual me atrevo a mencionarlo así es porque de alguna manera después de lo sucedido pretenden pedir perdón y asegurar que te aman.

Ese es el acto más bajo al que pueden llegar esas personas porque no saben cómo tapar algo tan sucio y denigrante. Eso lo veo humillante para aquellas personas que pretenden pedir perdón después de tal desfachatez creyendo que la relación puede continuar como si nada hubiese ocurrido. Aunque parezca increíble una experiencia de este tipo puede ser tan hiriente para una persona que puede dañar toda una vida. Es difícil, pero si la persona lastimada no acepta que las cosas pasan por alguna razón y que la vida puede tener algo increíble esperando nunca podrá salir de ese trauma. Al final de todo este enredo los que terminan más lastimados son los hijos.

Para mí, toda esa situación era algo inconcebible mi mente se rehusaba a creer tal barbaridad, pero a la misma vez pensaba en considerar lo que aquella mujer me había comentado por teléfono. Por un instante pensé… no creo que todo esto sea verdad si estamos en el mejor momento de nuestra relación, o al menos eso era lo que yo creía. Para ese entonces mí el bebé tenía solo once meses de edad, yo estaba convencida de que la vida era mejor que nunca. Dicen que las mujeres poseemos un sexto sentido, al cual más bien quiero llamarle curiosidad. En verdad yo no quería investigar lo que me aseguraba esa persona, pero precisamente la curiosidad me impulsó a darle crédito y averiguar más.

Fue un arranque de locura, aun puedo sentir los fuertes latidos de mi corazón cada vez que me acercaba al sitio mencionado donde supuestamente comprobaría lo dicho por aquella persona. Los minutos pasaban con una lentitud que parecía que el tiempo se detenía al darse cuenta de que la vida me daría uno de los golpes más fuertes.

Como si ya hubiese estado escrito en el destino me encontraba en el momento que marcaría un antes y un después. Ese día mi prima conducía el auto porque a decir verdad mi estado emocional estaba envuelto en un caos. Le pedí que me llevara porque mi estado nervioso era terrible y además llevaba él bebe conmigo. Recuerdo perfectamente cada suceso como si fuesen escenas sacadas de una película. Pasaban los minutos y cada vez estábamos más a ese sitio, el cual guardaba una sorpresa para mí. En ese momento quise retroceder, creo que en el fondo yo no quería enterarme de nada porque no quería descubrir algo que me lastimara tanto.

Para ese entonces ya no habia marcha atrás, habia llegado el momento que tanto temía, me encontraba en una situación decisiva en m i vida. Llegamos al sitio mencionado y dentro de mi experimentaba todo tipo de sentimientos, a la vez quería que todo fuera como una pesadilla de mal gusto. Mis nervios estaban a flor de piel y en el fondo un miedo terrible, miedo a descubrir una verdad que yo no quería aceptar y mucho menos estaba lista para enfrentar. Nos estacionamos en un lugar poco visible y al cabo de unos minutos lo vimos salir acompañado por una mujer.

En ocasiones me pregunto… ¿Por qué la vida nos pone las lecciones más difíciles para que podamos aprender? ¿A caso esa es la manera? En respuesta diré que sí, la vida misma se encarga de ponernos al borde del mismo infierno. Todo esto solo para poner a prueba lo fuertes que somos o lo débiles que podemos resultar. Una experiencia negativa nos puede vencer, o nos puede fortalecer, todo depende desde qué punto de vista veas tu experiencia. Si no lo vemos de esta manera todo el tiempo vamos a creer que somos víctimas de las circunstancias y que alguien es responsable y culpable de nuestra vida miserable.

Hay que pasar por todo tipo de pruebas para crear un carácter de hierro, esto no quiere decir que nos convertimos en seres duros o vacíos, esto quiere decir que ya no es tan fácil que algo o alguien pueda hacernos daño. Es verdad que en el momento que vives una decepción, una pérdida, una traición, o cualquier cosa que te derrumbe piensas que la vida se ensaña contigo, pero en realidad la vida te está poniendo una de las lecciones más importantes donde tú tienes la decisión de qué hacer con esa experiencia. Cada suceso trae consigo experiencia, lo que marca la diferencia es que es lo que haces con esa experiencia.

El secreto está en cómo utilizas tu esa experiencia que marcó tu vida, puede ser para mejorar, para superarte o para darte cuenta de que la vida es única. Solo así nos damos cuenta de que ni el pasado ni el futuro nos pertenece, solo somos poseedores del presente y lo que en él nos rodea en el momento. La vida siempre te llevará por caminos distintos muchas veces porque te quiere mostrar algo que tu no conoces aun y que tienes que descubrir. En mi caso, en aquel preciso momento lo menos que tenía en mente era si la vida quería mostrarme algo. Todo lo contrario, estaba renegando a la vida por ser tan cruel conmigo y preguntándole porque precisamente a mí me tenía que ocurrir tan horrible experiencia.

Hasta ese momento yo quería seguir pensando que todo podría ser una simple confusión. Mi corazón se rehusaba a aceptar algo que mi mente sabía que era cierto y que ya no podía retroceder ni cambiar el rumbo de mi destino. Después de seguirlos por un buen rato finalmente llegamos al lugar donde la vida me cambiaría para siempre y como lo dijo aquella mujer así mismo sucedió. En ese momento ya no había marcha atrás ya no había nada que justificara la decisión que él había tomado. Ese fue el momento cuando esa acción que conscientemente él decidió tomar marcó el final de casi toda una vida.

Para mí fue devastador y humillante, acto que hasta la fecha cambió mi vida por completo. En ese preciso instante una desesperación y rabia me invadió de pies a cabeza, no podía contener las lágrimas y el coraje. El dolor en mi alma y el golpe bajo a mi orgullo eran tan fuertes que por un instante pensé que moriría. ¿Cómo podía yo explicarme a mí misma lo que mis ojos estaban mirando? ¿Cómo podía yo regresar el tiempo y hacer las cosas de diferente manera? En realidad, yo no podía hacer nada y literalmente no podía hacer nada me sentía atada de pies y manos con dos hijos y uno de ellos solo era un bebé.

Esa tarde lloré y lloré hasta quedarme vacía de lágrimas no quería y no podía aceptar la realidad en ese momento. Llore por tantos días que mis ojos se tornaron rojos he hinchados. Lo que torturaba mi mente era la decepción de verme en tal situación después de renunciar a mis sueños por alguien que al final no valía la pena. Sentía un coraje tan grande conmigo misma por ser tan estúpida al entregar todo a cambio de nada. El dolor y resentimiento era tan grande que yo no podía entender porque él había traicionado mi confianza y había tirado a la basura todos los años de lealtad que yo había dedicado a él y a mis hijos.

Es verdad que cuando estás atascado en una situación así piensas que todo absolutamente todo lo que tiene que ver con las relaciones de pareja vale una mierda. No estoy de acuerdo con las personas que tienen el cinismo de pedir perdón después de causar semejante daño argumentando que todavía sienten amor. ¿Amor? solo una persona cobarde puede argumentar sentir amor por su pareja después de traicionar su confianza. Hoy, haciendo memoria de lo ocurrido no puedo creer que yo haya pasado tanto tiempo sumergida en una depresión terrible prisionera de mis miedos, de mis desgracias y de mis pocas ganas de vivir. Deje de prestarle atención a mis hijos por mi maldito estado de miseria, deje de prestar atención a mí misma y eso fue lo más triste.

Lo único que existía en mi vida era esa gran desilusión y un montón de preguntas estúpidas que ya no valían la pena. Aun puedo recordar aquellos ojos enormes llenos de lágrimas de mi pequeña Luz Maureen. La niña de mi vida que me enseñó a ser fuerte en los momentos más difíciles de mi vida. ¿Cómo le explicas a una inocente criatura que su madre está desmoralizada y al borde de la locura? Como humanos que somos y poseedores de conocimiento tenemos la capacidad de mejorar para no llevarnos por delante hijos inocentes que no tienen la culpa del sufrimiento de los padres.

Es increíble como un acontecimiento ya sea bueno o malo puede causar distintos resultados en la vida de una persona. Y a ti ... ¿Qué acontecimiento ha causado un impacto inesperado en tu vida? Sea cual sea ese acontecimiento y el impacto que eso haya causado en tu vida, ¿Crees que valió la pena el proceso? A causa de ello adquiriste una experiencia diferente, ¿Como piensas ahora? Es bueno analizar cuál es resultado de lo que nos sucede, y porqué nos sucede. En su momento yo no lo tome de esa manera, tuvieron que transcurrir varios años para darme cuenta de que detrás de una gran desilusión se escondía una lección que me cambiaría la vida.

Es necesario atravesar por momentos difíciles para darse cuenta cuan fuerte somos. Debido a la valentía con la cual nos enfrentamos a esas dificultades descubrimos lo valioso(a) que somos. No importa la circunstancia en la que te encuentres, lo mucho que estés o hayas sufrido. Por más rotas que veas tus alas nunca dejes de volar. Toma una aguja y remienda cada rotura que tengas en tus alas y vuela, vuela lo más alto que puedas. Nunca permitas que alguien te diga que no tienes valor. Tu eres alguien que vales mucho y por esa razón mereces lo mejor, por esa razón mereces vivir feliz, por esa razón mereces vivir libre. Por todas esas y muchas más razones mereces respeto. Tienes muchos motivos para sonreír y te sobran las razones para vivir en este planeta. Por más sufrimientos que enfrentes en esta vida recuerda que todavía tienes motivos para continuar.

No te conformes con ser una víctima de las circunstancias porque te aseguro que dentro de ti existe una persona dispuesta a luchar por una vida mejor. No pierdas el tiempo como lo hice yo en aquel momento. Lo único que recuerdo es que de la manera más cobarde me conforme con las migajas que me ofrecía la vida en ese momento. La vida siempre tendrá mucho para ofrecernos, somos nosotros quien por estar hundidos en mediocridad no vemos el lado positivo de las cosas. Recuerdo muy bien que como toda una mujer sumisa y conformista busque un pasatiempo que de alguna manera me hiciera olvidar. Quería encontrar algo que mantuviera mi mente ocupada y de esa manera evitar arreglar mi vida.

No contaba con el valor para enfrentarme a la vida yo sola. Eran tan grande mi trauma que de alguna manera sentía que todo lo ocurrido era por mi culpa. En lugar de ocuparme en recuperar mi encanto por la vida opte por aprender a cocinar tamales, prácticamente me olvidé de mí y me olvide de vivir. No voy a negar que fue una buena terapia, recuerdo que yo pasaba casi todo el día en la cocina esperando que mis tamales salieran deliciosos, en realidad eso era lo único que importaba en esos momentos. Quería convencer a mi mente que todo estaba bien cuando la realidad era que estaba en el peor momento de mi vida.

Me convertí en una maestra en la cocina, cada vez mis tamales eran de lo mejor. Llegó el momento que decidí vender tamales ya que prepararlos me resultaba de lo más sencillo. En ese tiempo apenas iniciaba el año 2007 así pasaron los días, pasaron los meses y pasaron los años. Sin darme cuenta me convertí en una mujer seca y vacía, sin ganas de nada. Le perdí por completo el sabor a la vida, los días se convirtieron en años y el pasado en mi peor enemigo. Llegó un momento donde yo me sentí culpable por todo lo que estaba pasando y me culpé por mucho tiempo hasta convertirme una víctima de mí misma.

El tiempo seguía su curso y cada vez me indignaba más mi situación. Había algunos días que el cocinar tamales ya no llenaba ese vacío y llegaba a mi mente la idea de abandonarlo todo, pero no tenía el valor suficiente para hacerlo. Es curioso que en ese tiempo me aferre a convertirme en una maestra en la cocina. Pero, nunca me interese en convertirme en una maestra de mi vida. No le di la importancia a mi vida en ese momento, de lo contrario me hubiese tomado menos tiempo convertirme en una experta el arte de la transformación. No sucedió en ese momento, pero sucedió a su debido tiempo. Me siento libre y eso es lo que importa ahora. Tú también puedes nunca te rindas, tú tienes el poder de transformar tu vida en el momento que tú lo decidas.

Yo, no tuve el valor de enfrentarme a la vida sola con mis hijos y acepté continuar viviendo una vida decadente de todo, principalmente de respeto amor y felicidad. Cuando la vida te presenta este tipo de experiencias obviamente no estás preparado para enfrentar la situación. De pronto uno piensa que es el final de la historia y que jamás encontraras un motivo para ver la vida de manera diferente. Si en este momento tu estás atravesando por una situación similar déjame decirte que esto no es para siempre. Es verdad que lo único que deseamos en momentos difíciles es que el tiempo transcurra lo más rápido posible. A lo que no prestamos atención es que cuando enfrentamos una situación dolorosa ya sea una traición o un desamor, no es porque no fuimos lo suficientemente importante para esa persona, es porque existe algo mejor esperando por nosotros.

Permite que el tiempo sea tu mejor aliado, solo de esa manera podrás sanar tus heridas. Ahora que yo he atravesado y superado esa lección de vida me doy cuenta de que aquella terrible experiencia me hizo más fuerte. Me di cuenta del valor que tengo como persona y lo fuerte que soy. Me di cuenta de que la vida había preparado nuevos caminos para recorrer. El proceso fue más difícil de lo que se puede imaginar. Pero gracias a tan difícil proceso nació el motivo de la creación de este libro. Este libro es prácticamente un manual con el cual tu podrás obtener conocimiento extra y podrás salir fácilmente de cualquier situación. Es de suma importancia tocar fondo cuando te encuentras experimentando el sentimiento de la derrota. El aceptar cuál es tu situación actual te lleva a darte cuenta de que esa es la vida que tienes, no se puede regresar al pasado y hacer las cosas de diferente manera. Lo que sí puedes hacer es poner punto final y escribir una historia totalmente diferente.

En lugar de perder el tiempo pensando que eres una víctima toma acción y deja de causar pena porque lo más probable es que la persona que destrozó tu vida ya ni siquiera le pasas por el pensamiento. Lamento mucho si estoy siendo muy dura contigo, pero es la verdad, desperdiciamos tiempo valioso pensando en aquella relación que no pudo ser y la cual creíamos que era para toda la vida. En esos momentos los pensamientos dan vueltas y vueltas y empezamos a recordar los mejores momentos vividos y en ocasiones queremos que esos tiempos regresen. No se puede ser más torpe, mientras sentimos que morimos de mal de amores y juramos que pasaremos el resto de la vida sufriendo la otra persona probablemente se encuentra viviendo la mejor etapa de su vida.

Es verdad que el proceso puede ser en ocasiones demasiado lento. A mí, me tomó años de mi vida y eso es algo que no puedo arreglar ahora ya que el tiempo es el único recurso no renovable. En medio de la dificultad es bueno darse cuenta de que todo en esta vida pasa y nada es para siempre, ni siquiera nuestra propia vida. Es opcional y tú decides si quedarte atrapado en un pasado que ya no te sirve para nada o vivir cada momento como venga. Es increíble como todo depende de uno mismo, los momentos que quieres recordar, las personas con las que decides estar y la vida que decides vivir. Es importante darse cuenta y aceptar que si alguien ya no te quiere en su vida es porque no perteneces a ella y si alguien llega a tu vida es porque merece estar en tu vida.

En tu vida hay lugar para quien quiere estar, y se marcha quien tiene que marcharse. Y si estas solo(a) disfruta el momento, yo he vivido los mejores momentos de mi vida conmigo misma. No existe mejor manera de darte cuenta lo mucho que vales hasta que no te conoces a ti mismo(a). En mi historia personal te diré que en mi peor momento lo que menos me interesaba era descubrir quién era yo. Me encerré en un círculo donde lo único que yo quería era saber el motivo por el cual me ocurría tan mala experiencia a mí. No tome el tiempo para analizar que lo ocurrido era para cambiar mi forma de ver y apreciar la vida.

Al pasar de los años todo se convirtió en una rutina de pleitos desconfianza y culpas. Ambos nos culpábamos y desconfiábamos el uno del otro hiriéndonos despiadadamente. Sin darnos cuenta nos convertimos en los más grandes enemigos, y peor aún vivíamos bajo el mismo techo. Era como si el hacernos daño de alguna manera se había convertido en una adicción. Pasado el tiempo y cansada de hacerme daño tome la decisión de hacer algo diferente con mi vida, ya no tenía nada que perder al final lo que yo tanto temía ya había sucedido. Siempre me aterró la idea de enfrentar la experiencia de una traición. Aunque era algo que no quería, me paso y en su momento me destrozó, pero debido a esa experiencia me convertí en una mejor versión de mí.

Un día empecé a tomar conciencia y recordar que alguna vez tuve sueños y metas. Me di cuenta de que yo había renunciado a todo por una persona que no supo darme el valor que yo tenía y que él no merecía que siguiera viviendo bajo sus condiciones. Siempre lo culpe a él de no valorarme, pero en realidad era yo quien no valoraba mi persona, era yo quien no había descubierto el valor que yo tenía. Cocinar todo el día era muy buena terapia, pero creo que el cansancio físico fue la gota que derramó el vaso. Aunque me iba muy bien en la venta de tamales un día decidí no volver a cocinar más. Me dije... el tiempo de tamalera se terminó, mandé al carajo mandil y cacerola y en ese momento cerré ese capítulo de mi vida.

Es cierto que la vida está diseñada por etapas, algunas son muy dolorosas, pero casi siempre estamos ahí por decisión propia. Solo uno mismo decide cuando es el momento de ponerle fin a esas etapas. Es mejor conservar y enfocarnos en las buenas etapas de la vida. Tuve miedo sí, pero era el mismo miedo quien me desafiaba y era yo quien estaba de por medio. Cuando se trate de tomar decisiones que cambiarán tu vida para bien es preciso hacerlo sin dudar. Hazlo con todo y miedo, hazlo espectando algo bueno como resultado y si no sale como tú quieres siempre habrá algo nuevo que aprender. Además, siempre tendrás la oportunidad de intentarlo una vez más.

En la vida no avanzas si no caminas, no aprendes si no fracasas y no sucede si no lo intentas. Todo es o no es, todo cambia o no cambia, todo llega o no llega, hoy estamos y mañana tal vez no, todo empieza y un día termina. Todo depende desde qué punto de vista veas el panorama y el sentido que le des a todo lo que te sucede. La mejor manera de vivir y disfrutar el presente es no aferrarse a nada ni a nadie, ni el pasado, ni el futuro nos pertenece. Solo pasamos y tal vez llegaremos. Lo único que nos pertenece es este preciso momento. Mientras escribía este libro me di cuenta de que por muy importante que alguien pudo ser en nuestra vida si lo sacamos del pensamiento automáticamente deja de existir.

En mi caso tuvieron que pasar ocho años para darme cuenta de que la vida tenía más que ofrecerme. El tiempo me hizo olvidar un poco aquel día cuando la vida se me volteo de cabezas, pero no podía dejar de sentir aquel desprecio y resentimiento hacia él. Un día le comenté de aquellos sueños de ser artista que un día tuve cuando era niña. La reacción de su parte no fue la que yo esperaba y de manera burlesca agrego que fuera realista y pusiera los pies sobre la tierra. Me dijo que si tenía sueños y metas que eso lo dejara para mis hijos. Él pensaba de una manera muy negativa, y me hizo creer que yo era cosa del pasado y que a mi edad y en mi situación era ridículo pensar en grandezas. Es casi imposible que un comentario de este tipo no hiera los sentimientos de una persona.

A decir verdad, por lo menos yo esperaba el apoyo de su parte. Fue muy difícil batallar conmigo misma y con él al mismo tiempo. Me sentía encadenada a una vida que odiaba y a un hombre que no amaba. Lo único bueno de todo aquello eran mis hijos a quienes me aferré y me dije... ¿si quiero algo para mis hijos? y eso será el ejemplo que les voy a dar. Juré dar todo de mi para alcanzar mis metas y de esa manera servir como inspiración a mis hijos. Me esmere en crear un modelo digno de admirar y seguir. El siempre luchar por los sueños y nunca dejarse vencer es algo que quiero dejar plasmado en la historia de mi vida. Esto no es solo para alimentar mi orgullo, sino para mostrar que no importa que tan fuerte te haya golpeado la vida cuando se quiere se puede. Sigue adelante, sigue fuerte, sigue enfocado y vive apasionado. Nunca permitas que algo o alguien te aparte de tu destino.

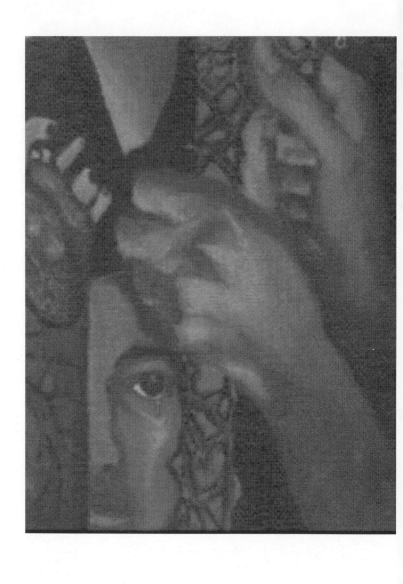

6
El miedo y yo

Antes le tenía miedo a casi todo, hoy puedo decir que el miedo y yo hemos podido llevar la fiesta en paz, de hecho, el mismo miedo sabe que si me desafía lo puedo vencer en cualquier lugar y en cualquier momento. Recuerdo que alguien me pregunto... ¿Cuál es el secreto para hacer todo lo que haces? No hay secreto le conteste, simplemente lo haces o no lo haces todo depende de una decisión. No voy a negar que muchas de las cosas que he realizado hasta el momento las tuve que hacer con todo y miedo. A decir verdad, nunca vamos a encontrar el momento perfecto para tomar la decisión de realizar un sueño. En medio de todas tus

dificultades el momento perfecto para realizar tus
sueños es ahora.

Los momentos los vas creando a la vez que
decides hacer eso que te causa algo de miedo.
Recientemente conversando con una chica me confeso
que tenía muchos planes, pero no sabía por dónde
empezar. En verdad eran muchos sus planes y eso no
tiene nada de malo, le dije... empieza por organizar
creando un listado de todo lo que tienes en mente.
Seguidamente dale prioridad a uno a la vez sin tener
que descuidar a los demás. Pero me dijo... tengo miedo
porque tal vez puedo fallar. A lo que le conteste... tener
miedo es de lo más normal, y si es verdad que puedes
fallar, pero también existe la misma posibilidad de que
puedas tener éxito. Todo lo que quieras realizar en esta
vida está a riesgo y existe un porcentaje equitativo, o
ganas o pierdes solo existen esas dos opciones, entonces
¿Porque no apostar a ganar? Es normal que los seres
humanos queramos siempre tener la seguridad de no
fallar en lo que nos propongamos. Pero, que chiste
tendría hacer algo y ya saber cuál será el resultado. Es
necesario algo de incertidumbre en nuestra vida, de lo
contrario nos perderíamos de lo emocionante de la vida.

Aunque a decir verdad nunca se pierde, mejor
dicho, se aprende. De una u otra manera obtenemos un
beneficio y eso es lo hace que la vida sea interesante. He
aprendido que las cosas suceden por alguna razón. La
vida no te pone ninguna prueba que no puedas superar
y cada persona que llega a tu vida es para enseñarte

algo o para que ella aprenda algo de ti. Hay que entender que algunas veces solo seremos parte de una etapa en la vida de alguien. De lo que sí estoy convencida es que uno mismo es la única persona con quien estarás toda tu vida. Decide vivir para darte gusto a ti. Procura vencer todos tus miedos, recuerda que ellos solo son parte de tu imaginación.

Esa parte fue la más difícil para mí cuando me enfrente a mi propia vida. En mi espacio mental limitado pensaba que ya había vivido lo suficiente y que no encontraría nuevas razones para ser feliz. Que ironía, en ese tiempo aseguraba que mi vida había llegado a su final, hoy pienso todo lo contrario. Creo que la vida siempre te muestra las mejores razones para ser feliz. Hay que ser demasiado torpe para no darse cuenta de ello. En su momento fue un reto muy grande para mi tomar la decisión de separarme de quien había causado tanto daño en mi vida. Es increíble que a pesar de lo tóxica que puede ser una relación nos cuesta trabajo salir de ella. Ese era mi caso, y por si fuera poco yo no contaba con el ingreso para sostener a mis hijos y eso empeoraba aún más mi situación. Por más difícil que pienses que es tu situación tienes que crear el momento y el valor para poner alto y empezar de nuevo. Cuando estamos atascados en una relación tóxica nos aterra la idea de iniciar algo nuevo, de repente pensamos que no habrá alguien que se interese en nosotros. O tal vez eso es lo que nos han hecho creer y por ende terminamos adoptando tal mentira. Pese a que todo parecía muy complicado para mí, un dia tome la decisión que cambiaría mi vida.

Fui directa con él y un día le dije... ha llegado el momento que cada uno viva como quiera vivir. Fue como tirarle un balde de agua fría ya que no se lo esperaba después de tantos años de vivir atada a él. Tuve que sacar valor de donde fuera ya que como era de esperarlo me dijo... si eso es lo que quieres hazle como puedas conmigo no cuentas. Él pensó que no me atrevería ya que mis ingresos eran muy limitados y malamente me alcanzaría para comer. Y tuve mucho miedo, a tal grado de arrepentirme de tal decisión, pero a la misma vez quería terminar con toda esa vida de mediocridad.

Carajo año 2015 me pegó duro y tupido, no tenía ni donde caerme muerta y por si fuera poco tenía la responsabilidad de sostener y cuidar de dos hijos. ¡Ay caramba! la verdad es que no fue nada fácil, bendito Dios que nunca me dejo sola. Pasé por los momentos más difíciles de mi vida, pero me convertí en una mujer de hierro. Todo fue un proceso largo y antes de tomar la decisión de irme habían ocurrido cambios los cuales de alguna manera me daban el valor de seguir. Fueron pocos, fueron lentos, pero sin duda alguna fueron cambios importantes.

Nunca es tiempo perdido cuando te encuentras en el proceso de cambio. Es muy cierto que para recoger buena cosecha primero inicias en sembrar la semilla. Eso mismo aplica en la vida, para llegar a lograr algo tienes que empezar en tomar la decisión. Dejando en claro que una decisión sin compromiso y acción jamás llegará a una conclusión exitosa.

Para ese entonces yo ya tenía un par de años tomando clases en la televisora local de Salem y en la radio comunitaria. En ambos lugares empecé sin ninguna experiencia, pero con un gran deseo que era lo que me impulsaba a seguir. Pese a que nadie creía en mí opte por aventurarme y convertir en una realidad la frase que dice… los únicos límites son los que existen en tu mente. Hoy acabo de creer que no necesitas que todo el mundo crea en ti, lo primordial es que tú mismo creas en ti, porque si tu no crees en ti nadie más lo hará. Ese es el primer gran paso que pese al miedo que te cala hasta los huesos hay que darlo, no hay ningún otro camino ni atajos para llegar más pronto.

De una cosa sí estoy muy segura siendo que yo misma lo he experimentado, cuando tomas la decisión de hacer grandes cambios en tu vida no faltaran obstáculos a los cuales tendrás que enfrentarte. Uno de los obstáculos más grande a enfrentar es tu propia mente. Tus pensamientos hacen todo lo posible para sabotear tus planes y tratar de convencerte que no eres lo suficientemente bueno para lo que haces, que no tienes talento, que no eres capaz o que no es el momento para hacer grandes cambios en tu vida. Y claro no solo tus pensamientos trataran de derribarte si no también las personas más cercanas a ti. Prácticamente te encuentras en medio de una guerra donde tu único objetivo tiene que ser salir triunfador(a). En situaciones como esta tienes que convertirte en una bestia obsesionada en atrapar su presa, pasando por alto cada pensamiento que te diga que tú no puedes.

Recuerdo muy bien aquel tiempo cuando empecé en la televisión como aprendiz de presentadora. ¡Qué barbaridad! lo bueno que esos recuerdos ahora me causan algo de risa, no porque hayan sido chistosos si no por recordar lo inexperta que yo era lo cual combinaba una inocente y divertida torpeza. A decir verdad, todavía sigo cometiendo errores la única diferencia es que hoy cada error lo convierto en aprendizaje. Y claro, sin perder el sentido del humor ya que eso es parte de mi peculiar forma de ser. Para mí no hay nada más excitante que iniciar algo nuevo en mi vida sin preocuparme si tengo el conocimiento o no.

A decir verdad, el sentirme sin una mínima cantidad de conocimiento es algo me anima a vencer cualquier obstáculo. Tal vez para muchos iniciar algo nuevo es perder el tiempo. Cabe mencionar que todo ser humano piensa y actúa de manera distinta y eso es precisamente lo que nos diferencia los unos a los otros. Aunque desde mi punto de vista creo que nunca deberíamos perder esa audacia para imaginar y soñar en grande. He descubierto lo maravilloso que es vivir cada día y cada instante con la expectación de algo nuevo. Es como si a pesar de todas las dificultades que se presentan en mi día existe una motivación que me impulsa a dar el siguiente paso.

El descubrimiento encierra una magia increíble, solo quien se atreve a experimentarlo es sabedor de tan maravillosa satisfacción. No temas a descubrir cosas nuevas, no temas a descubrirte a ti mismo(a). Creo que al final de cada día lo único que cuenta es cómo reaccionamos a cada acontecimiento y cuán felices somos con vosotros mismos. Es triste cuando completamos nuestro día con enojo, resentimiento u odio. Independientemente de cómo sea tu vida y cuanto hayas sufrido en el pasado o tal vez hoy estas pasando por tiempos difíciles, quiero que sepas que no estás solo(a). Existe una fuerza en tu interior la cual tú tienes que descubrir. Tu eres una persona única, tu eres muy capaz de salir adelante, tu eres una persona inteligente y tienes que creerlo.

Se que es difícil aceptar todo esto cuando te han hecho creer todo lo contrario. Independientemente de los errores que hayas cometido en el pasado tú tienes derecho a nuevas oportunidades. Hay que reconocer que algunas veces estamos metidos en grandes dilemas debido a la serie de malas decisiones y forma incorrecta de llevar nuestra vida, pero eso no quiere decir que deberíamos terminar el número de nuestros días de esa manera. Así como cada mañana al despertar tenemos un nuevo día, igualmente tenemos la oportunidad de tomar las mejores decisiones y no volver a cometer el mismo error del día anterior. Recuerdo una conversación con un amigo quien de manera desconsolada comentó que viviría el resto de su vida en su situación actual ya que se consideraba una mala persona. Esa creencia de sentirse mala persona surgió por un error que cometió cuando era joven. En realidad, no era una mala persona, alguien le hizo creer que aquel error lo definía en general como una mala persona.

Todo ser humano tiene la misma oportunidad de mejorar en todas las áreas de su vida. Lo que hace que algunos tengan más éxito que otros es el compromiso con sí mismo de querer mejorar. Ha cambiado tanto mi manera de pensar que es sorprendente. Hace algunos unos años odiaba a la persona que causó daño en mi vida, y hoy no existe rencor alguno de mi parte. Los acontecimientos de la vida nos cambian para bien o para mal, siempre procura que sean para bien. No vivas el resto de tu vida creyendo que eres una víctima porque no lo eres. Los cambios no suceden por arte de magia, se requiere mucho esfuerzo y disciplina. Y claro, a todo esto, hay que agregarle constancia y perseverancia.

Recuerda que lo que pienses y hagas hoy será el resultado que obtendrás mañana. Recuerdo muy bien cuando mi padre solía decirnos "lo que uno siembra eso cosecha" por mucho tiempo viví sin entender esa frase. Fue hasta ese momento en el cual yo en carne propia me di cuenta de que todo lo que sucedía en mi vida era el resultado de todas las decisiones que había tomado antes. La imagen que a través de los años yo había creado sobre mí fue a base de mis pensamientos y las decisiones que tome. En aquel momento que me vi envuelta en un atascadero fue porque yo misma lo permití. Y esto aplica en todas las áreas de nuestra vida, sentimental, emocional, financiera, espiritual y física. Uno no puede ir por la vida sintiéndose una víctima hablando derrota y esperar victoria. Es como querer estar en forma y nunca hacer ejercicio. Si quieres que en algunos años tu vida sea totalmente diferente a lo que es ahora necesitas empezar a tomar acción hoy mismo. Todo lo que vivimos y lo que somos es un reflejo de lo que pensamos y hacemos. Como dice mi mama, no hay vuelta de hoja es lo que es y si quieres que sea diferente tú tienes que hacer el cambio.

Definitivamente para que haya un cambio en tu vida tienes que empezar por ti mismo, así de sencillo es. Absolutamente nadie puede hacer cambios en tu vida por ti, esa es una tarea personal. Para mí, hacer grandes cambios no fue nada fácil ya que mi vida siempre fue dependiente de alguien más. Olvidé por completo que yo tenía mi propia voz, mis propios sueños y la decisión de cambiar mi vida en cualquier momento.

Es una lástima saber que muchas personas pasan por esta situación y tristemente se pierden, nunca más encuentran su camino por el miedo a enfrentarse solos a la vida. Muchos pierden toda su vida sin encontrarse con sigo mismos solo por el afán de complacer a los demás. Yo personalmente perdí gran parte de mi vida tratando de complacer a una persona con la cual yo creía que pasaría la vida entera.

A tal grado llegó mi obsesión por agradar a esa persona que deje por un lado mis sueños. Yo pasaba día y noche atareada y preocupada para atenderle de la mejor manera sin importar mi agotamiento físico y mental. No quiero decir con esto que no deberíamos atender a nuestra pareja de manera especial, lo que debo aclarar es que tiene que haber un balance y entre ambos llegar a un acuerdo mutuo de cómo llevar la vida.

Por el hecho de ser mujer muchas veces nos hacen creer que tenemos menos valor que los hombres. Esta creencia viene desde miles de años atrás, a la mujer se le ha hecho creer que estamos en segundo lugar en la lista y prácticamente en todo. Nos han inculcado tanto esa creencia que por esa razón muchas mujeres le temen a casi todo y terminan siendo un objeto más que adorna la casa. Desde mi punto de vista, creo que ni hombre ni mujer deberíamos permitir que alguien nos quite el valor que nos otorga la vida por derecho de nacimiento. Me atrevo a decir que una gran cantidad de personas hemos pasado por momentos donde sentimos que no valemos nada y no solo por nuestra inseguridad propia si no porque alguien nos lo ha dicho en nuestra propia cara y terminamos por creerlo.

En lo personal, créeme que me lo han dicho unas cuantas veces. La primera vez me dolió como no tienes una idea tal vez porque venía de la persona a quien consideraba mi compañero de vida. En ese momento esa frase dolorosa y negativa de" no sirves para nada" desencadenó una guerra no solo con él sino conmigo misma. Me sentí como una verdadera tonta buena para nada. Ese día llore hasta el cansancio, pero qué más podía hacer si ante los ojos de él yo era una inútil. Es sorprendente cómo una persona puede manipular a otra tomando ventaja de las circunstancias. Sea cual sea la situación la persona más lista termina tomando el control sobre la otra persona.

Ese fue mi caso por mucho tiempo hasta que llegó el momento donde la vida me abofeteó fuerte. Solo así pude despertar de tanta ignorancia, la vida siempre nos lleva a donde tenemos que llegar, basta un par de golpes para darnos cuenta de lo que tenemos que cambiar o dejar ir. A decir verdad, creo que mucho de lo que nos sucede en la vida es por ignorancia. Aclarando que el ser ignorante no es tan malo como nosotros pensamos que es. Cuando alguien de alguna manera nos hace sentir así nos duele, pero si lo reconocemos todo ser humano ignora algo.

El ser ignorante quiere decir que desconocemos algunas cosas y la ignorancia desaparece cuando estamos dispuestos a aprender. Lo que sí es inaceptable es no querer salir de la ignorancia. He ahí la clave para solucionar muchas situaciones ya sean en las relaciones de pareja, el trabajo, la escuela, lo espiritual o las finanzas.

Yo reconozco que hay muchas cosas que necesito aprender, de hecho, creo que la vida no me alcanzaría para aprender de todo un poco. Una vez, una compañera de trabajo quien ya era una señora mayor me dijo... me sorprende y me llena de vida el ver lo ambiciosa que eres por aprender. Por personas como ella he tenido la fuerza de continuar. Sin conocerme a fondo me tenía un gran aprecio y me alentaba a seguir en la lucha de realizar mis sueños. Al darme cuenta de que mi manera desenfrenada de sonar de alguna manera causaba alegría en otras personas me animaba a avanzar cada día, aunque fuera a pasos pequeños.

En esa época yo trabajaba en una tienda departamental enfocada en comida. Mi labor era ofrecer bocadillos y convencer a los clientes comprar el producto. Corrí con suerte porque todos mis compañeros de trabajo eran personas mayores de cincuenta años. Nada comparado con los trabajos que había tenido antes, aunque los dilemas a resolver eran distintos y gracias a eso desarrolle la habilidad de la paciencia.

Y claro sin pasar por alto las pláticas largas y aburridas que en realidad estaban llenas de conocimiento. Algo que me parecía y me sigue pareciendo un tanto interesante es la razón por la cual las personas mayores te cuentan la misma historia como veinte mil veces. Era algo divertido escuchar sus platicas que ya me sabía de memoria. Era fantástico reaccionar tan sorprendida e interesada como si la estuviese escuchando por primera vez. En verdad esos fueron buenos tiempos y esos se guardan para siempre.

7

Artista de mi propia vida

Es verdad que los tiempos de Dios son perfectos y él nunca nos pone en lugares equivocados, siempre existe una razón del porqué suceden las cosas. En aquella tienda donde trabajé por varios años pasé por gran parte de mi evolución, desde aguantarme por mi relación fracasada hasta tomar la decisión de enfrentarme a mí misma y a la vida. En ese tiempo la relación con mi pareja estaba totalmente acabada, mi vida se había tornado totalmente vacía en cuestiones de pareja. En ese momento solo seguía la rutina de una vida que yo quería cambiar, pero no me atrevía a hacerlo. Hasta que tome la decisión de imaginar cómo sería mi vida sin estar atada a mi pareja y a mi pasado.

Después de ese pensamiento todo dio un giro diferente. Lo he comprobado yo misma, cuando realmente quieres un cambio en tu vida empiezas a crearlo en tu mente. Esta más que comprobado que todo en lo que piensas en eso te conviertes. Entonces, me atreví a pensar que yo era muy capaz de lograr todo lo que me propusiera. Me atreví a pensar que tenía el poder de transformar mi vida.

Un día mientras desempeñaba mi labor en aquella tienda vi pasar a Santiago, aunque ya lo habia visto unas cuantas veces anteriormente nunca tenía el valor para entablar una conversación. Yo estaba enterada que él trabajaba para una estación de radio local. Tenía la inquietud de hablar con él y comentarle que trabajar en la radio era uno de mis sueños. Pero ¿Cómo hacerlo? si el simple hecho de entablar conversación con personas desconocidas era aterrador para mí. En realidad, me costó trabajo tomar la iniciativa de llamar su atención. A pesar de mi escaso conocimiento en el arte de las comunicaciones tenía curiosidad por descubrir cosas nuevas.

Recuerdo muy bien que ese día me armé de valor y le dije... ¡Santiago! Se que usted trabaja en la radio y quiero ver si existe alguna posibilidad de trabajo para mí. ¡Ay caramba! en ese momento sentía que se me caía la cara de pena. Toda esa sensación tan bochornosa era provocada por mí misma, mi mente estaba convencida de que yo solo hacía el ridículo al exponer mis sueños locos a un desconocido. Sorprendentemente con gran sentido del humor se sonrió y me dijo, claro que sí mujer te hare una prueba y me daré cuenta si tienes lo que se necesita para la locución. Bien, ese día acordamos una fecha para encontrarnos en la radio. Yo estaba feliz porque por primera vez había hecho algo por mí misma.

Ese fue el primer paso y el comienzo de toda una odisea. Aunque, al decir verdad me aterraba la idea de lo que mi pareja diría en cuanto yo llegara a casa y comentara lo sucedido. Así como yo lo imagine así mismo sucedió, obviamente no le gustó para nada la idea y no perdió la oportunidad de mencionar lo que ya me había dicho antes... deja los sueños para tus hijos y no hagas el ridículo. El creía que los sueños y las aventuras podrían ser para cualquier otra persona menos para mí. Él pensaba que yo era una mujer sin talento y además ya no estaba en edad para andar persiguiendo sueños imposibles de realizar.

En situaciones como esta es fácil llegar a un momento de frustración donde mentalmente todo se torna imposible. Es verdad que uno mismo siente que realizar un sueño es difícil, muchas veces porque no contamos la preparación o el talento que se requiere. A diferencia, cuando alguien te dice fríamente en tu cara que no sirves para nada el sentimiento es profundo y el deseo de llorar es inevitable. Duele el alma, duele el corazón, sientes que no vales nada. En mi caso, me sentía tan sola y desprotegida que en ese momento quería desaparecer de este planeta. Había momentos que me sentía ridícula y creía que él tenía razón en todo. Es increíble pero ese tipo de influencia negativa te puede acabar la vida por completo si tú lo permites.

Eso me recordó que una vez años atrás cuando él estaba enojado me dijo que era yo una persona sin sentimientos que no servía para nada, ni para la cama... ¡ay caramba! eso sí que dolió. Duele y duele mucho porque simplemente una persona no siempre está preparada para recibir un comentario tan hiriente y desagradable. Comentarios tan fuertes como estos lastiman los sentimientos y te desmoraliza profundamente. Existen personas que disfrutan hacer daño a otros, se burlan y gozan al ver el sufrimiento de alguien más. He llegado a la conclusión que esto se debe a la vida tan vacía y mediocre que viven ellos. Estas personas pasan la mayoría de su vida frustrados porque ellos nunca tuvieron el valor de realizar un sueño y a consecuencia de eso quieren que tú tampoco realices tus sueños. Todo en esta vida es cambiante y cada persona está expuesta a los cambios. En cuestiones de miedos y abusos existe un límite y todo depende de uno mismo para poner un hasta aquí.

El tiempo pasó y yo me cansé, cada vez que él me decía todas las razones por las cuales yo nunca podría realizar mis sueños era como si él mismo me empujará a querer ir más allá. Creo que hubo un tiempo donde yo estaba obsesionada con hacer grandes cambios en mí y no me importaba si él estaba de acuerdo o no, aunque la verdad fue muy difícil ir en contra de él. Me canse de sufrir, me canse de estar triste, me canse de ser una víctima y me canse de pensar que yo no servía para nada. En ese tiempo vivía una vida vacía de casi todo y cuando estás en esa situación la vida se convierte en un completo desperdicio y eso me hizo tocar fondo.

Es innumerable la cantidad de personas que viven en la misma situación que un día yo viví. Creo que para muchos vivir así se les ha convertido en un estilo de vida. Se acostumbran tanto al mal trato que ya todo lo ven normal. La verdad que cuando estamos en esa situación lo único que reflejamos es el conformismo para vivir en la mediocridad. Sabemos muy bien cuál es la solución a todo, pero no tenemos el valor para enfrentarnos con dignidad a la vida solo por el miedo al qué dirán. Prestamos tanta atención a lo que pueda decir la gente que pareciera que nuestra felicidad depende de ellos. Hay matrimonios que viven un verdadero infierno en sus cuatro paredes, pero en público hacen su mayor esfuerzo por aparentar lo que no son.

Respetando a cada uno como guste vivir su vida y desde mi punto de vista vivir una vida así es prácticamente estar viviendo un verdadero infierno. Creo que todos tenemos el derecho de libre albedrío y eso quiere decir que nadie obliga a nadie cada uno vive como mejor le parezca. Tú tienes el poder de tomar la decisión de vivir con quien tú quieras, como tú quieras y tomar las decisiones que más te convengan. Tu eres quien decide lo que quieres para tu vida, tu eres responsable de tu felicidad o de tu infelicidad. El único mensaje que quiero darte querido lector es que la única persona responsable de tu felicidad o infelicidad eres tú mismo. No importa las veces que te hayas equivocado siempre habrá una solución para reparar cualquier error. No importa que hasta el momento no hayas logrado nada. Tu sigue intentando recuerda que el verdadero fracaso es cuando dejas de intentar. Recuerda que todo tiene inicio y fin en nuestra mente. La mente es como un terreno fértil, si siembras pensamientos positivos cosecharas cosas positivas, si siembras pensamientos negativos cosecharas cosas negativas.

No te culpes por tus errores solo asume tu responsabilidad y aprende de ellos. Toda persona corre el riesgo de cometer errores eso es de lo más natural, el problema es cuando volvemos a cometer los mismos errores sin tomar responsabilidad de ellos. Es preciso cometer errores ya que de ellos aprendemos y tenemos la oportunidad de crecer en todos los aspectos. Tu vida es demasiado valiosa para que te tortures toda la vida y te niegues la oportunidad de alcanzar tu máximo potencial en todas las áreas de tu vida.

En ocasiones nos negamos a una posibilidad de éxito solo por el miedo a equivocarnos, creemos que si cometemos un error habremos fracasado. Eso es totalmente falso, jamás una persona alcanzara su máximo potencial hundido en su zona de confort. Y te lo repito… el verdadero fracaso es cuando dejas de intentar.

He llegado a conocer personas empezando por mí misma que la excusa más común para no salir de una vida mediocre en cuestiones de pareja son los hijos. Esa fue mi excusa en algún tiempo, yo pensaba que la felicidad de mis hijos dependía de la tortura que yo pasara viviendo una vida que iba en contra de lo que yo quería. Después que nos equivocamos, después que traemos hijos al mundo sin que ellos lo hayan pedido terminamos haciéndolos responsables de la mediocridad en la que vivimos. Examinando todo lo que ha sucedido en mi vida me doy cuenta de que los padres somos un espejo para nuestros hijos. Así como nosotros vivamos así mismo vivirán nuestros hijos. Recuerda esto… los hijos siguen nuestro ejemplo. Yo creía que mi vida infeliz era normal y pensaba que esa era la vida que me había tocado vivir. Lo que yo no sabía era que existía la posibilidad de cambiar esa vida por una que en verdad me gustara.

Aunque a mí nadie me obligo yo estaba en esa situación por torpe e insegura, pero si yo no hubiese puesto fin a esa situación mis hijos hubiesen continuado con la misma historia. Es de suma importancia crear un estilo de vida diferente porque de esa manera nuestros hijos no seguirán el mismo patrón de vida que nosotros hemos adquirido a través de los años. Hay que tomar en cuenta que nuestros hijos siguen nuestros pasos y si nosotros vivimos una vida decadente en todos los aspectos así mismo vivirán ellos. A esto quiero agregar que hay padres que quieren evitar a toda costa que sus hijos pasen por cualquier inconveniente. Eso no tiene nada de malo ya que de alguna manera nuestro trabajo de padres es proteger, pero debe haber un balance.

Es verdad que como padres tenemos ese instinto protector, pero también tenemos que reconocer que si sobreprotegemos a los hijos los haremos inseguros y codependiente de alguien más. Tiene que existir un balance en cómo educamos a los hijos. Hay personas que tristemente viven condenados a ser manipulados por sus hijos. ¿Porque sucede esto? Esto sucede cuando le otorgas demasiado poder sobre tu vida a tus hijos. Es verdad que a los hijos se les ama con toda la fuerza de nuestro ser, pero eso no les da derecho a manipular nuestra vida. Nadie, por más importante que sea para ti, tiene derecho a controlar tu vida. Yo lo permití por mucho tiempo y tal situación casi termina conmigo. Vivir una situación así es desgastante, no lo permitas ya que lo único que se obtiene por resultado es amargura.

En mi vida personal me di cuenta de que todo el tiempo que estuve sumergida en mi depresión y mediocridad lo único que sucedió fue causar daño a mi persona y al mismo tiempo a mis hijos. Todo ese daño emocional no fue solo por mi comportamiento si no por las pocas ganas de vivir que yo tenía y el poco valor que yo misma le di a mi vida. Hoy me doy cuenta de que yo soy la persona más importante en mi vida y por lo tanto merezco estar bien. De mi actitud depende mi felicidad y de mi ejemplo depende el comportamiento de mis hijos en un futuro. Si somos padres felices tendremos hijos felices. Si somos padres amargados y resentidos tendremos hijos amargados y resentidos. Si somos padres mediocres tendremos hijos mediocres. Si somos padres exitosos tendremos hijos exitosos.

Así de simple, todo lo que nosotros somos se verá reflejado en nuestros hijos. Debemos entender esto muy claramente... la educación de los hijos inicia en casa. No esperemos que la escuela o la sociedad eduque a nuestros hijos, somos los padres a quien corresponde esa tarea. Si queremos que haya un futuro mejor tenemos que enfocarnos en vivir un presente mejor, aunque esto implique tomar acciones que te pongan a caminar sobre fuego. Nadie ha dicho que vivir a plenitud es sencillo, esto es un arte y un estilo de vida que se construye día a día. No pienses que se obtiene fácil ya que por naturaleza vivimos en una lucha constante donde nuestras emociones juegan un papel muy importante. Podemos experimentar sentimientos y emociones positivos o negativos, pero nosotros tenemos el derecho de elegir a que le damos más valor.

Después de aquel dramático día, cuando tomaba el valor de enfrentarme a la búsqueda de mis sueños me fui a la radio a la cual sería mi primera prueba de talento. Para ese entonces ya estaba decida y había declarado la guerra por completo a quien se atreviera a detenerme. Yo estaba consciente que estaba actuando un poco vengativa con el padre de mis hijos, pero a la vez el rencor que le tenía me hacía pensar que se merecía eso y más. Entonces me convertí en una mujer rebelde en el buen sentido de la palabra ya que mi rebeldía consistía en aprender más y más. Acto que a él nunca le gusto ya que entre más aprendía me convertía en una mujer libre. Esto es algo que todo ser humano debe buscar... la libertad porque no hay persona más libre que aquella que se esmera en aprender.

Debes tener en cuenta que el mayor acto de amor así mismo es cuando decides salir de la ignorancia.

El conocimiento nos hace libres y entre más aprendes más valor le das a la vida. Hoy sigo tomando conciencia de la vida y me doy cuenta de que desde nuestros ancestros venimos arrastrando esa cadena de sentirnos inferiores a otros. En lo personal, yo me sentí inferior a otras personas por mucho tiempo debido a mi situación económica. Sentía que mi posición en la sociedad estaba por el suelo. De alguna manera yo creía que ser pobre era una condición permanente y salir de tal situación estaba fuera de mi alcance. Pensaba que viviría condenaba a continuar en la pobreza por el resto de mi vida. Esta manera de pensar era por mi poco conocimiento, hasta que descubrí el verdadero significado de la pobreza y la riqueza. Me di cuenta de que siempre habia sido una persona con una riqueza infinita.

También me di cuenta de que la verdadera fuente de la pobreza y la riqueza está en el alma. No importa cuánto dinero haya en la cuenta bancaria, si no se encuentra emoción por la vida en el momento presente solo somos unos pobres infelices con dinero. Descubrí qué hacer dinero es una ciencia que cualquiera lo puede lograr si se enfoca en hacer lo que se tenga que hacer. En cambio, la riqueza es cuando aprecias y valoras los detalles más simples de la vida. La riqueza está en sonreír en medio de las adversidades. Cuando un simple roce del viento acaricia tu cara y te hace feliz, eso es sentir la sensación de riqueza.

La sociedad y los patrones de vida antiguos nos han hecho creer que nacer en un ambiente poco favorable en cuestiones de dinero nos hace menos. Y no solo nos hacen creer que somos menos ante los ojos de los adinerados, sino que nos etiquetan de pobres infelices cuando en realidad es todo lo contrario.

Si hago referencia a este tema de la sociedad y el dinero es para aclarar que todo ser humano tiene la misma capacidad, lo que hace la diferencia son las creencias que nos han metido en la cabeza. Todo cambia cuando te revelas con las circunstancias, todo cambia cuando cambias tu manera de pensar. En mi caso, fue después de tantos golpes que me dio la vida que aprendí que mi origen no me definía como persona y que el estado en el que me encontraba era por mi decisión. Me di cuenta de que lo que me definiría como persona era hasta donde yo era capaz de llegar. Crecer con carencias económicas es un estado que cualquier persona puede cambiar en cualquier momento. Tú tienes todo lo que se necesita tener para lograr todo lo que te propongas en esta vida.

Solo porque alguien nos etiqueto de ignorantes y faltos de conocimiento nos hemos creímos esa falsedad dejando pasar desapercibida nuestra capacidad y talento. Hoy es el momento de romper con esas cadenas que nos han atado y empezar una nueva historia, nuestra historia. Desde el principio de la creación estamos repletos de sabiduría y capacitados para lograr grandes cosas. Ya es hora de que de que mi pueblo deje de sentirse menos. Ya es hora de que mi gente se valore. Me refiero a mi pueblo mexicano, mi pueblo que sufre por ser minimizado, humillado y explotado. Ya es hora de que te des cuenta de que eres un pueblo único e invaluable y que como persona estás aquí en este planeta para lograr grandes cosas.

Solo tienes que creer en ti mismo(a) ahí se encuentra la clave secreta. Todo ser humano tiene la oportunidad de tener éxito en todas las áreas de su vida, solo tiene que estar dispuesto a comprometerse a un cambio radical que afecta de manera positiva todo el entorno de su vida. Todo esto es posible en la medida que tu creas que es posible. Si tienes pensamientos limitantes entonces no podrás llegar muy lejos. La mayoría de las veces y mucho antes de iniciar un proyecto nosotros mismos nos damos por derrotados al pensar en todas las razones del porque no podemos lograr aquello. Tienes que trabajar día y noche principalmente en tu persona. Recuerda que tú eres el proyecto más importante y eres a quien tienes que vencer antes que cualquier otra cosa. El reto más grande es convencerse a sí mismo de la grandeza y talento que se posee.

Después de aquella prueba de talento en la radio, Santiago se quedó totalmente sorprendido y me aseguro de que mi talento era único. Varias veces fui a la radio y grabamos algunos comerciales. Todo marchaba de maravilla hasta que un día surgieron los primeros inicios de rivalidad en el pequeño mundo artístico en el cual yo apenas iniciaba. Al parecer, una persona se sintió amenazada he hizo lo todo lo posible para sacarme del camino. Después de ese día jamás regrese a esa estación de radio. Con mis sueños algo destruidos regrese a mi rutina cotidiana y a la vez un poco derrotada creyendo que en realidad yo no servía para nada. Después de un par años yo no podía superar nada de lo sucedido. Me sentía fracasada en mi relación y en mis sueños.

Recuerdo que uno de mis conocidos y un poco más experimentado en las cuestiones artísticas me dijo, eso que te sucedió es solo el principio no tienes ni la menor idea de cómo se las gastan los artistas locales. Se creen la gran cosa... me dijo desconsolado. Yo no preste atención a ese comentario porque la verdad yo no tenía ni la menor idea. Además, no estaba dispuesta a renunciar solo por un comentario desalentador. Pese a todos mis problemas e inseguridades seguí intentando por todas partes. Desde ese entonces era y sigo siendo una mujer muy persistente. Un día, me sentí muy animada y me dirigí a otra radio local a probar suerte.

¡Cual fue mi sorpresa! La persona que me atendió me miró de pies a cabeza y sin darme la oportunidad de una prueba de talento me dijo... no hay vacantes y además no tienes la experiencia. Con la cola metida entre las patas como dice mi mamá, salí a punto de romper en llanto. Con un nudo en la garganta y mi autoestima por el suelo di un vistazo a mi alrededor y las chicas que trabajaban ahí eran bien parecidas y de cuerpos exuberantes. Nada que ver con una mujer como yo que ni siquiera sabía usar maquillaje y para colmo pasadita de peso.

Es increíble como la sociedad te juzga por tu apariencia física sin dar crédito al talento, eso yo lo veo como discriminación al ser humano. Algo que hasta este momento me sigue dejando con ese mal sabor de boca es que nuestra propia gente, nuestro propio género en ocasiones se convierta en nuestro peor enemigo. Quiero dejar muy claro que no estoy generalizando esta referencia es solo para quien le quede el saco como dice mi mama. Se que al igual existen personas de buen corazón que no dudarían ni un poquito en ayudar a alguien y compartir su conocimiento. Estoy segura de que no soy la única persona que ha tenido que vivir este tipo de experiencia. Cuando uno se enfrenta a este tipo de experiencias se vive un sentimiento de impotencia que lo único que quieres hacer es llorar.

Ese sentimiento lleva a enojarse tanto consigo mismo que te ofrece dos opciones, o te levantas y demuestras de lo que estas echo o te hundes hasta lo más profundo. Basado en mis experiencias he llegado a creer que algunas personas no ayudan a otras a crecer por miedo a ser superados. Esto es algo lamentable porque de lo que no se han dado cuenta es que si no ayudan a alguien a crecer ellos jamás crecerán. Todo en esta vida es recíproco lo que das eso recibes. Cuando yo inicie en el medio artístico y me tope con esta situación pensé que ya lo había visto todo, pero en realidad era solo el principio. Es increíble lo hipócrita que pueden ser algunas personas. Se me revuelve el estómago solo al recordar algunas experiencias, pero esa es la manera como aprendes a desechar a quien no aporta nada a tu vida y seleccionar solo personas de calidad.

En esos ocho años que estuve prácticamente prisionera en una prisión que yo misma construí basada mis miedos y originada mi mente me di cuenta de que mi yo interior reclamaba a gritos que lo rescatara. Decidí iniciar lo que hoy pienso que ha sido una gran aventura y así mismo quiero continuar percibiendo la vida. Es verdad que la vida es la gran aventura que solo se puede vivir una vez en la cual tenemos la oportunidad de poder reinventarnos cada día. En aquel tiempo, llena de valor y audacia decidí crear mi propio programa de televisión. No contaba con la experiencia ni los contactos necesarios para dar inicio, pero contaba con el apoyo de las pocas personas que creían en mí.

Esa vez estaba decidida a hacer el ridículo y a equivocarme las veces que fueran necesarias con tal de aprender. Y de eso precisamente se trata, de aprender a equivocarse. Y no solo a equivocarnos sino también a cometer errores, yo diría que la suma de errores y equivocaciones es igual a conocimiento.

Cada equivocación y cada error son un acto de valentía porque no cualquiera lo acepta. Desafortunadamente hemos sido domesticados con la creencia que equivocarse o cometer errores son sinónimo de derrota y vergüenza. Pero ¿Quién dijo debemos seguir esa creencia? Nadie está obligado a hacerlo. Hay que tomar en cuenta la responsabilidad que esto conlleva, no se puede ir por la vida cometiendo los mismos errores y las mismas equivocaciones de lo contrario no habrás aprendido nada. Si quieres aprender tendrás que estar dispuesto(a) a equivocarte y cometer errores de lo contrario vivirás como el resto del montón.

Con toda la fe en Dios y decidida a la aventura, decidí hacer la primera entrevista con Santiago quien seguía pensando que yo era una mujer muy talentosa. Así, pasó el tiempo y entre caídas y levantadas continúe adquiriendo conocimiento, conociendo personas y de alguna manera ayudando a otros crecer. Tuve que tocar muchas puertas ya que nadie me conocía y no era tan fácil creer en una completa desconocida. Para mí era algo nuevo y excitante tenía el deseo de aprender y algún día poder ser reconocida no solo por mi familia si no por mi comunidad. Empecé por investigar y conocer un poco de las personas que estuviesen haciendo algún servicio comunitario y darlos a conocer un poco más por medio de la televisión local.

Recuerdo muy bien todas las equivocadas que di y los momentos penosos a los cuales enfrente por no tener el conocimiento. Es bueno hacer locuras porque cuando las recuerdas te das cuenta de que por lo menos has vivido momentos diferentes. Hablando de locuras, recuerdo muy bien la primera vez que llegue a la televisión. Para mí era un sueño hecho realidad. Esa vez me tocó llegar como invitada ya que yo pertenecía a un grupo musical como bailarina. ¡Hay Dios mío! que tiempos y que locura cada vez que lo recuerdo no puedo evitar reírme hasta el cansancio. ¡Qué barbaridad! en realidad no sé cómo fue que esos muchachos me aceptaron en su agrupación. Creo que me aceptaron solo por querer ayudarme, cosa que siempre les agradeceré.

Lo bueno de todo es que bailar era y sigue siendo una de mis pasiones, aunque en aquel tiempo parecía que había comido varilla, estaba totalmente tiesa. Fueron tiempos buenos y la verdad no me importaba si la gente pensaba que yo me había vuelto loca. Eso era parte de mi rebeldía estaba decidida hacer todo tipo de locura a pesar de que mi pareja no estaba de acuerdo. Aclarando que nunca le falte al respeto ni a él ni a mis hijos. Solo que a los ojos de otra gente hacer lo que yo estaba haciendo era inaceptable. Para la gente que no está lista para ver un cambio en alguien más todo les parece fuera de lo razonable.

Cuando se toma la decisión de ser uno mismo es necesario atreverse a enfrentar todo tipo de crítica. Precisamente en ese momento yo me encontraba luchando contra mí misma y toda la mediocridad que me rodeaba. Quien fuera mi pareja, no perdía oportunidad para recordarme a cada rato el error en el que yo estaba. Todo empezó a importarme muy poco y desde ese entonces deje de tomarlo en cuenta. A partir de ese momento dejó de importarme por completo lo que la gente pensara de mí. Yo tomé la decisión de ser la bailarina de aquel grupo musical, aunque él no estaba de acuerdo. Esa fue una guerra totalmente declarada porque lo hice cuando todavía vivíamos bajo el mismo techo.

Lo único bueno era que yo no tenía que preocuparme por algún peligro ya que él parecía mi guardaespaldas. Nunca me dejo sola y no creo que era porque yo le importara si no por su machismo. Creo que él no soportaba que la gente pensara que él había perdido el control sobre mí. De alguna manera se lo agradezco, por la razón que haya sido de alguna manera cuido de mí. Esos fueron tiempos bien difíciles porque no había un momento donde no me echara en cara que yo me había convertido en una pérdida. Recuerdo muy bien las noches cuando solíamos hacer presentaciones en algún club nocturno de la ciudad, ver su enojo era intimidante para mí. Parecía que en vez de disfrutar el momento todo se había convertido en una tortura para mí.

Me sentía como una inútil porque ni siquiera podía realizar la presentación como se requería ya que la mirada y presencia de él eran tan acusadoras y eso hacía que yo desconfiara de mí misma. Estoy segura de que si hubiese tenido el apoyo de su parte la situación hubiese sido totalmente distinta. No estoy de acuerdo con las parejas que se unen en matrimonio y para supuestamente ser felices alguno de ellos tiene que renunciar a sus sueños. Desde mi punto de vista este tipo de acuerdo es totalmente ridículo. Si analizamos esto a fondo es inevitable darse cuenta de que lo único que obtenemos en acuerdos de este tipo es amargura e infelicidad.

Una persona por más que diga que te ama jamás debe ponerte condiciones y mucho menos pedirte que renuncies a tus sueños. Todo lo contrario, una persona que verdaderamente te ama siempre te dará ánimos para que tu realices tus sueños.

Quien te diga que tienes que renunciar a algo que te apasiona para poder ser felices está en un gran error. Pero el error más grande lo cometes tú cuando aceptas condiciones para supuestamente ser feliz. Tarde o temprano la vida te pondrá en la situación donde te darás cuenta lo que en verdad es la felicidad. Cuando yo misma analizo lo que viví en mi propia experiencia me doy cuenta de lo egoísta que ambos fuimos. No voy a decir que yo nunca cometí errores en la relación, claro que sí y muchos. De hecho, hoy sigo cometiendo errores conmigo misma y no preocupa en lo absoluto porque es de lo más natural. Soy un ser humano y eso lo justifica todo. Pero, eso no quiere decir siempre cometo los mismos errores. Me gusta cometer errores nuevos y equivocarme de vez en cuando para darme cuenta la capacidad que tengo para resolver cualquier situación. Todo esto con la intención de aprender y mejorar para poder ser una mejor persona.

Creo que mi vida no tendría sentido si fuese perfecta porque me abrumaría tanta perfección. Somos la creación e imagen perfecta que Dios creó, pero no somos perfectos. Dios, es el maestro divino y nosotros somos los aprendices a la perfección. La única diferencia que somos unos mortales expuestos a la tentación y al deseo de la carne. Creo que nadie en esta tierra de mortales está cerca de ser perfecto ya que solo Dios es perfecto. Pero, siempre tenemos que esforzarnos para dar lo mejor de nosotros y mejorar en cada área de nuestra vida. Lejos de vernos perfectos podemos esforzarnos en ser mejores personas, esa es nuestra tarea. En medio de tanta imperfección podemos atrevernos a buscar la felicidad, ya que ese es el propósito de cada ser humano.

Desde mi punto de vista, nosotros los seres humanos estamos en esta vida para entrenarnos a como se puede llegar a la perfección. Lo que sí pienso que es una obligación personal y casi una misión de vida es procurar cada día ser una mejor persona.

Definitivamente no podemos crecer ni mucho menos ser una mejor persona si vamos por la vida siendo egoístas con nosotros mismos y con los demás. Nunca le pongas límites a una persona a quien tú dices amar. Y esto empieza contigo mismo, tú eres esa persona especial a quien debes dar toda la confianza y el apoyo al momento de realizar tus sueños. Aunque tu sientas que no hay nada especial en ti y que hay muchas otras personas que son fantásticas y talentosas estas en un completo error. En cada ser humano Dios creó talento y grandeza. Lo que hace que esos talentos se realicen y multipliquen es la actitud y audacia para actuar en cada cosa que te propongas.

Quiero imaginar que la vida es como un caramelo donde hay una gran variedad y tú eliges el que más te gusta. Muchas veces tomamos el caramelo equivocado, pensábamos que era dulce, pero salió agridulce. Otras veces tomamos el que más nos gusta y acertamos. La diferencia entre estos dos es que el agridulce lo tiramos pensando que así terminara sin darnos cuenta de que en el centro estaba lo mejor. El que está demasiado dulce y delicioso lo devoramos sin apreciar ni disfrutar el sabor.

A si mismo es la vida en ambos casos existe algo bueno de lo que no hacemos conciencia es que sea como sea los dos al final se terminan. Y a si mismo pasamos por la vida hoy estamos y mañana no... en un abrir y cerrar de ojos pasamos a ser solo un recuerdo.

Por esta razón te doy ánimos a que tu realices todo aquello que siempre has querido hacer. Solo de esta forma te darás cuenta de que la vida es como un viaje muy deseado donde vibras con cada vivencia. Cada memoria vivida contigo mismo y con las personas especiales de tu vida se convierten en solo eso, buenas memorias que son lo único que puedes conservar hasta el último día de tu viaje por esta vida. Procura que la mayoría de tus memorias sean las mejores y que en cada etapa de tu vida dejes esa huella imborrable donde solo los que te aman te recordarán para siempre. Creo que el mundo y la vida serían diferentes si pensáramos de esta manera. Yo que pasé ocho años de mi vida prisionera de mis propios miedos y amargura y lo que te puedo decir es que no vale la pena. Lo más estúpido que podemos hacer perder el tiempo que cada día se nos acaba y aunque seamos conscientes de este hecho aun así no le damos valor a nuestra vida.

Es cierto que cuando enfrentamos tiempos difíciles en la vida lo primero que hacemos es buscar culpables o excusas para no cargar con la responsabilidad. Si estamos en dicha situación es por las decisiones que hemos tomado a lo largo de nuestra vida. Y eso no quiere decir que nunca deberíamos equivocarnos, al contrario, tenemos que darnos cuenta de que equivocarse nos hace sabios, pero más sabio es aquel que pone en práctica toda la experiencia que ha adquirido en cada equivocación.

No hace mucho tiempo me consideraba una víctima con un montón de excusas las cuales no me dejaban avanzar y de alguna manera me sentía cómoda en esa situación. El salir a la calle o ir al trabajo y llevarme esa mascara de víctima parecía que, hacia las cosas menos dolorosas, bueno al menos eso era lo que yo creía. De alguna manera quería que el mundo se enterara de mi decadente vida solo para causar lastima y sentir menos la culpa de mis errores. Es increíble, hoy lo recuerdo y me doy cuenta lo equivocada que estaba. En mi caso pienso que me tocó el caramelo agridulce, a principio tan agrio que pensé que me había equivocado, más sin embargo lo mejor venía después. Si no hubiese continuado en la búsqueda de algo mejor me hubiese perdido de la mejor parte de la vida.

De eso precisamente se trata la vida de querer ir más allá de que muestran nuestras circunstancias. Hay que darse cuenta de que si nos equivocamos al momento de tomar una decisión no quiere decir que no podamos sacar algo bueno ello. Cuando pensamos de esta manera tomamos responsabilidad de nuestras decisiones y actos. La clave está en no culparnos ni culpar a nadie más de lo mal que nos pueda tratar la vida. Hay que reconocer que estamos expuestos a equivocarnos y no siempre tomamos la decisión correcta.

En lo personal, creo que he perdido la cuenta de las veces que me he equivocado y a resultado de eso he aprendido más de lo imaginado. No quiero decir que debemos equivocarnos a propósito, no ... debemos actuar conscientemente y si por alguna razón nos equivocamos debemos actuar responsablemente, aceptar nuestros errores y no volver a cometer los mismos. Es importante darse cuenta de que es de humanos equivocarse. También es de humano tener miedo a realizar cosas solo por temor a equivocarnos. Después de tanto darle vueltas a este asunto del miedo pienso que tener miedo es solo un estado de ánimo como cualquier otro.

Entonces, podría decir que el miedo también puede ser una emoción o un sentimiento. Son muchas las cosas que hacemos o no hacemos por miedo, pero ¿qué es lo que genera esta emoción? Expertos en estos temas aseguran que el sentimiento de miedo es a causa de la falta de amor en nuestra vida. Estoy totalmente de acuerdo, yo misma lo he comprobado. Lo que puedo agregar es que si aprendes a amarte y a conocerte podrás controlar este sentimiento.

Una tarde, mientras tomaba una taza de café con una amiga me comento que sentía un pánico terrible puesto que se encontraba a punto de tomar una decisión y tenía miedo a equivocarse. Creo que la mayoría de los seres humanos hemos estado en esa etapa de la vida muchas veces. Recuerdo cuando tomé la decisión de marcharme de casa, el miedo era tan intenso que sentía que moriría en el intento. Le tenía miedo a tantas cosas que me convertí en una mujer desconfiada. Mis miedos ocasionaron tanta inseguridad que había perdido la confianza en todo el mundo, hasta en mí misma.

Me costó mucho trabajo recuperar la confianza...en ocasiones pensaba que los hombres eran unos desalmados y que tal vez todos eran iguales. ¿Por qué son así los hombres me preguntaba yo? ¿Porque son tan buenos para mentir? ¿Porque son tan infieles? ¿Porque son tan hijos de la chingada? Bueno, aclarando... solo algunos no todos. ¿Acaso será porque nosotras las mujeres espectamos mucho de ellos? En toda esta experiencia aprendí que cuando vives espectando mucho de alguien tarde que temprano termina por fallarte. Esto no quiere decir que él o ella sea mala persona, solo que nos equivocamos en espectar mucho de alguien cuando en realidad de quien debemos espectar mucho es de nosotros mismos. Nos pasamos la vida esperando que la otra persona sea exactamente como nosotros queremos que sea y que actúe de acuerdo con nuestras exigencias. Pero, resulta que no tiene que ser así nadie debe cambiar solo para darle gusto a alguien. Lo único que logramos con esa conducta es alejar a esa persona de nosotros.

8

Si se puede superar una traición

Todo ser humano es sensible a una traición y en el momento que lo experimentamos simplemente no encontramos una respuesta clara a tal hecho. No solo sientes que el mundo se cae en pedazos, sino que te queda ese sentimiento de no confiar en nadie, ni siquiera en uno mismo. Creo que esa es la parte más difícil de superar. Siempre he pensado que la confianza es un vínculo inquebrantable y cuando alguien lo rompe no solo termina con una relación sino con todos los lazos que unen a las personas. Cuando a confianza me refiero no solo hablo de las relaciones de pareja. Habló de todo tipo de relaciones ya sean laborales, de amistad, entre padres e hijos, hermanos y amigos. Y esto no quiere decir que debemos ir por la vida aterrados y desconfiando de todo el mundo. Creo que debemos ir por la vida valorando a cada persona que se cruza en nuestro camino.

Si él o ella no tiene la mejor intención hacia ti eso es algo que no te corresponde, tu siempre da lo mejor de ti. Si alguien no valora tu amor o tu amistad simplemente déjale ir, son ellos quien pierden la oportunidad de estar con una persona maravillosa como tú. Para llegar a este nivel de pensamiento necesitas tener tu persona siempre en primer lugar y estar seguro del valor que tienes como ser humano. Si alguien causo algún daño en tu vida no le culpes demasiado solo lo suficiente, recuerda que la vida misma se encarga de ajustar cuentas. Créeme que los rencores no ayudan para nada, te amargas la vida por algo o alguien que no vale la pena. El disculpar a las personas que han causado algún impacto negativo en tu vida no solo cambia tu relación si no también la manera de ver tu propia vida. Vivir alimentando malos sentimientos solo te amarga la vida, si alguna vez has experimentado el dolor de una traición ya es tiempo que lo dejes ir. Esa mala experiencia la puedes superar poniendo en práctica uno de los mayores actos de amor y eso es perdonando.

Para aprender a vivir sin guardar ningún tipo de rencor tienes que estar en constante entrenamiento con tu cuerpo alma y espíritu. Cuando consigues estar en paz contigo mismo(a) estás en paz con todo el mundo y te das cuenta de que has llegado a otro nivel. ¿Y tú en qué nivel estas? De pronto es bueno hacernos esa pregunta. Si quieres mejorar tu vida y tus relaciones no caigas en el mismo agujero que los demás. Muchos pasan la vida hablando de los demás criticando cada cosa que hacen. Personas así se convierten en ociosos buenos para nada. Si tienes que criticar a alguien que sea una crítica constructiva que ayude a su crecimiento como persona. Cada comentario hacia otra persona que sea con el fin de algo bueno y productivo. Y si no tienes nada positivo que decir, mejor no digas nada. Cuando te das cuenta de todo esto descubres que definitivamente si existen otros niveles.

Hablando de niveles, tuve una experiencia en mi más reciente área laboral y estoy segura de que a muchos les ha sucedido lo mismo. Una tarde después de una reunión de trabajo un compañero quien desarrollaba un cargo superior al mío pidió verme en su oficina. Por un instante creí que se trataría de asuntos laborales, pensé... tal vez quiere felicitarme por mi buen desempeño laboral. Muy entusiasmada llegue hasta su oficina, se comportó serio y un tanto egocéntrico. Sin rodeos respecto al asunto me dijo... eres una persona demasiado entusiasta y considero que es algo abrumador para tus radioescuchas. Demasiada energía y positivismo es irritante, y por favor cuando te dirijas a mi llámame por mi nombre. Prácticamente me dejó en claro que yo no estaba a su mismo nivel.

No puedo describir en palabras lo que sentí, no llore en ese momento porque me encontraba en público, pero ganas no me faltaron. Por mucho tiempo le guardé mucho rencor, pero al paso del tiempo y mientras la vida me enseñaba descubrí que no había nada malo en mí... era él quien estaba mostrando la peor parte de sí mismo. Me da pena ver a personas que dicen estar en otro nivel exponiendo su ego pensando que son mejores que los demás solo para llenar su vacío interno. En aquel momento opte por quedarme callada y no mencionar nada de lo sucedido.

Me quede callada por dos razones, una porque tenía miedo y otra porque mi padre siempre me enseñó a no abrir la boca si no tengo las palabras precisas. Hay que ser muy cuidadosos al momento de reaccionar ante sucesos o experiencias de la vida. Algo que aprendí es que solo debemos decir lo necesario, la mayoría de las veces somos traicionados por nuestra propia lengua. Yo siempre digo que una palabra duele más que una bofetada, el dolor de una bofetada se termina en cuestión de tiempo, pero una palabra hiriente te puede durar toda la vida.

Estoy casi segura de que todo tipo de relaciones pueden ser de mejor calidad cuando cuidamos de nuestra lengua. El hablar solo necesario no solo previene malentendidos si no también podemos evitar una herida fatal en un ser humano. Por eso siempre piensa dos veces lo que le dirás a una persona en un momento de ira. Cuidar tu lengua puede evitar cometer uno de los más grandes errores y si por alguna razón ya cometiste ese error evita cometerlo de nuevo.

Ahora entiendo cuando mi papa decía...'la lengua no tiene hueso' por eso decimos todo tipo de estupideces si no la sabemos controlar. Y no solo nuestra lengua es peligrosa sino también nuestra manera de ser y de actuar. Estar en el continuo aprendizaje de cómo tratarnos y tratar a los demás deja las puertas abiertas a nuevas relaciones de compañerismo y calidad. Todo esto es importante porque si nos damos cuenta la vida es como un bumerán todo lo que das regresa a ti cuando menos lo esperas.

9

Un ángel

Hace apenas unos años Dios mando un ángel a mi vida en los momentos más difíciles. Es verdad que toda persona que llega a tu vida es con un propósito y por alguna razón. Él señor José era una persona alegre, muy profesional en su trabajo y en su vida personal. Su propósito en ese tiempo era ayudarme a convertirme en toda una profesional en todo lo referente a comunicaciones. La razón por la cual él se esmeraba en compartir su conocimiento conmigo era porque él consideraba que yo lo merecía. El creía que yo tenía la capacidad y el intelecto para lograr todo lo que yo quisiera siempre y cuando estuviera dispuesta a aprender.

Don José Tovar, una persona a quien siempre le guardaré un profundo respeto. Él fue la persona que me dio la oportunidad de trabajar en comunicaciones de manera profesional. Todo el tiempo busqué la oportunidad de realizar ese sueño, pero por un conjunto de todo lo mencionado anteriormente nunca pude realizarlo hasta ese momento. Junto a él y su esposa doña Magdalena viví una de las mejores experiencias y juntos hicimos un gran equipo de trabajo. Son raras las veces que llegan personas extraordinarias a tu vida. Cuando eso sucede se crean amistades y lazos de afecto que duran toda la vida. Tanto ellos como yo estábamos pisando un terreno desconocido y poco a poco nos dimos cuenta de que solo nos teníamos a nosotros, pero si trabajábamos de acuerdo podríamos mejorar y crecer mucho.

Un día, al darse cuenta de que algunos de los compañeros de trabajo tenían coraje y algo de desprecio hacia mí me dijo...tu nunca te comportes como ellos. No es bueno que busques venganza con las personas que te han hecho daño y no guardes rencores porque la única que saldrá más lastimada serás tu. Recuerda que en la vida no quedan cuentas pendientes hoy estas arriba y mañana puedes estar abajo. Nunca actúes con arrogancia como los demás porque cuando menos lo pienses la vida cobra las cuentas pendientes. Don José tenía toda la razón, muchas veces perdemos tiempo valioso de nuestra vida alimentando rencores hacia gente que en verdad no tiene la mínima importancia en tu vida.

Esa fue la otra parte difícil de mis ocho años de prisión, pero a la vez llena de aprendizaje la cual en su momento me hizo mucho daño. Si no hubiese sido por el apoyo de don José y su esposa no hubiese logrado resistir aquel fatídico ambiente laboral. Recuerdo un día cuando el sentimiento y la impotencia me hizo llorar de coraje me dijo... guardando odio en tu corazón no vas a ganar nada, que te valga madre lo que digan y lo que piensen aquellos. Sigue fuerte, sigue avanzando y no permitas ser arrastrada por aquellos que se creen la gran cosa. Hoy solo puedo decir que ese tiempo fue la otra parte que complemento esa etapa de crecimiento de la cual salí vencedora.

A penas iniciaba el año 2015 cuando por cuestiones del destino conocí a don José y a su esposa ellos estaban recién llegados de Utah, para ese entonces yo seguía trabajando en la tienda y produciendo mi programa de televisión. De alguna manera había desistido de la posibilidad de trabajar en la radio. Unos meses antes fui a una prueba de talento a una de las empresas más influyentes de la ciudad donde no tuve mucho éxito. Aunque en realidad yo quería pertenecer a esa empresa mis posibilidades eran mínimas ya que al parecer no pude convencerles de mi talento.

Casualmente unas semanas después me contacto mi amigo Santiago y muy emocionado me dijo...estoy trabajando para tal radio y están buscando locutor(a). Él estaba convencido de que yo era la persona indicada. Sin pensarlo dos veces me dijo que ya le había hablado a don José de mí y que yo solo tendría que agendar una entrevista de trabajo. Nerviosa y un tanto insegura me comunique con él y amablemente me dio una cita. Ese día los nervios casi me traicionan ya que antes había estado en situaciones similares y había fallado. Igual decidí atender a la cita e intentar una vez más al fin y al cabo no tenía nada que perder.

Me recibió con toda la amabilidad y después de varias preguntas capciosas me llevó al estudio de grabaciones. Me dio un párrafo escrito y me dijo... es un comercial léelo ahora mismo que te voy a grabar. Don José era un locutor con demasiada experiencia y con una voz única. Me puse bastante nerviosa pero igual lo hice, yo sabía que ese era el momento y tenía que hacerlo bien. Sorprendido don José me dijo, estoy seguro de que tienes talento lo que no entiendo porque no has conseguido entrar a la radio antes. Sin titubear le conteste... puede ser por dos razones, o en realidad no tengo talento o no había encontrado a la persona correcta que descubra mi talento. A partir de ese día inició de nuevo la esperanza de realizar mi sueño. Estaba demasiado entusiasmada, por fin estaba en el lugar que siempre quise estar.

Desde ese momento inició la otra parte torturadora de la etapa que me hizo caminar por fuego nuevamente. Como capricho del destino la oportunidad de trabajo pertenecía a la empresa donde ya varias veces había intentado antes sin obtener oportunidad. Don José era buena persona y aunque yo no tenía completo conocimiento ni la experiencia en radio él estaba dispuesto a entrenarme. Siempre me decía... en los años que tengo de experiencia en radio tu eres una de las personas en quien veo un potencial enorme. Todo marchaba bien hasta el momento cuando empecé a sentir confianza en mi trabajo y quise aprender más. Creo que eso no les gustó mucho a algunos de los compañeros.

Cada día don José y yo platicábamos acerca de cómo mejorar la programación y cómo hacer que la radio fuera ganando más popularidad y público. Las ideas eran buenas y los planes a futuro se veían muy bien. Cada día el me daba ideas y clases de cómo mejorar mi locución. Debo decir que en el poco tiempo que Dios me permitió trabajar a su lado aprendí mucho. Él era una persona muy profesional y cuando yo no seguía el plan de aprendizaje me llamaba la atención sin importar si yo me molestaba.

Una parte muy importante para toda persona que tenga el interés en superarse es que debe estar dispuesto a ser guiado y aprender de personas más sabias que ya han alcanzado el éxito. En ese tiempo, a pesar de mis dificultades personales mi vida tenía una razón nueva para entusiasmarme por la vida ya que estaba en el proceso de algo nuevo. No pasó mucho tiempo cuando todo empezó a ser un caos tanto en la ruptura de mi relación como en lo laboral. Para empezar, paso lo que ya te conté antes, me separe del padre de mis hijos porque de alguna manera la vida me llevó a tomar esa decisión de la cual no me arrepentiré nunca. Estaba en ese trance difícil donde solo yo sabía lo que pasaba en mi interior. Aun así, yo hacía mi mayor esfuerzo para aprender, solo quería enfocarme en ser mejor persona cada día aprovechando la sabiduría de don José y mi estancia en la radio.

Para mi mala suerte las cosas no iban como nosotros queríamos. Esto es muy común en el ambiente laboral y sigo sin entender el motivo del comportamiento de personas que quieren imponer su poder sobre el más débil. Lo he vivido en carne propia y me da tristeza que nuestra propia gente trata de minimizarte y pisotear tu orgullo solo porque tienen alguna influencia. Siempre me he comportado tal y como soy no me gusta para nada la hipocresía. Si no tengo nada bueno que decir mejor me mantengo callada. No hay nada más penoso y de mal gusto que un montón de gente hablando incoherencias solo por quedar bien.

Esta fue una de las razones por la que siempre me criticó la mayoría de mis compañeros. De alguna manera quiero decir que tuve la suerte de no trabajar desde un principio con el resto del personal. Para ese entonces mi área de trabajo estaba ubicada a una hora de distancia de la oficina principal. Solo nos veíamos en eventos o reuniones laborales con el resto del personal. Es increíble como existen personas falsas y de mal corazón. Creo que algo que les causo más coraje a algunos de mis compañeros es que, aunque ellos me cerraban las puertas yo me salía siempre con la mía. Personas como estas les cae mal que otros tengan éxito. Esta gente tiene en la mente que cualquiera que quiera superarse tiene que sufrir la humillación de gente nefasta y egoísta como ellos.

En ese tiempo yo continuaba con mi programa de televisión local y quería seguir creciendo más en ello. Cuando yo me enteraba de algún evento me preparaba con mi cámara para tomar video y algunas entrevistas. Esto a don José le pareció fantástico puesto que sabía que era una buena manera de sacar a flote la radio combinándola con la televisión. Al parecer esto no causaba gusto en los demás y de alguna manera querían echar todo abajo. En el momento no supimos cuál fue la razón por la cual no les pareció buena idea, pero lo imaginamos... obviamente la envidia. Es sumamente estresante trabajar en un ambiente donde sabes que a tus espaldas hablan pestes de ti. Peor aún es tener que aguantar todo tipo de abusos solo porque te hacen creer que no vales nada, pero todo cambia cuando despiertas y te das del valor que en realidad tienes como persona. Creo que mis compañeros jamás hubiesen aceptado que una recién llegada tuviera más éxito que ellos. Hace poco escuche decir a uno de ellos que cualquier recién llegado a la empresa tenía que sufrir para conseguir tener éxito.

Es desagradable que en casi todos los ámbitos laborales existan estos comportamientos de personas faltas de conocimiento y humanismo. El ser humano vive en constante guerra con sí mismo y al sentirse atrapado o amenazado busca con quien desquitar sus miedos y enojos. La frustración de no poder conseguir lo que quiere los convierte en seres egoístas y mezquinos. En otros casos, si se encuentran en una posición de poder lo usan para sobajar, humillar y hacer sufrir a sus compañeros. Para ese entonces la vida ya me había abofeteado tanto que ya no sentía lo duro sino lo tupido. Además de lidiar con mis problemas sentimentales me encontraba enfrentando algo igual o más doloroso que una traición. En medio de tantas dificultades quería sentirme fuerte no solo por mí, sino también por mis hijos que eran la única razón que me mantenía de pie.

Al paso de los días, todo se me complicaba cada vez más. No solo por mi reto a estar enfrentando algo desconocido en mi vida personal, sino también por el miedo a perder mi trabajo que era lo único con lo que contaba para sostener a mis hijos. A final de cada día el sentimiento era tan grande que mis ganas de llorar salían a flote. Mi sitio favorito para desahogar mis penas era en la regadera del baño, ese era mi único momento a solas donde podía disimular mis lágrimas.

 Los golpes de la vida me convirtieron en una mujer muy insistente y perseverante. A sabiendas de que no era del agrado de mis compañeros yo me las arreglaba para colarme a los eventos de donde ellos participaban esperando que me tomaran en cuenta, pero eso nunca sucedió. Podía percibir lo mal que les caía mi presencia y creo que todavía sucede, pero ahora no me importa.

Creo que algunas veces yo era el tema de conversación en sus juntas semanales. Un día, llegó a mis oídos lo que ellos decían de mí y no fue fácil soportarlo. Solo seguía en la radio porque don José defendía mi talento y seguía creyendo en mí pese a que los demás decían que yo no servía para nada. No es fácil estar cara a cara con gente que tú sabes que a tus espaldas hablan pestes de ti. Hoy no guardo ningún rencor en mi alma y no lo hice por ellos si no por mí. La verdad no vale la pena guardar odio por nada ni por nadie, el hacerlo sería darle la importancia que no se merecen. Un día que me sentía fatal no solo por mi vida personal sino también por el ambiente laboral. Don José me vio llorar y me dijo… no se cuál es la razón por la cual aquella gente no te quiere, pero yo siempre voy a defenderte porque creo que tú tienes talento y si te lo digo yo es porque así es.

Gracias a Dios he contado con personas que han depositado su confianza en mí y aunque han sido pocas han causado gran impacto en mi vida. Es necesario ser demasiado entusiasta y cara dura para atreverse a enfrentar tantos obstáculos y críticas. La mayoría de la gente te criticara hagas lo que hagas. Si de todos modos para mis compañeros yo era un tema de conversación, entonces decidí hacer lo que me dio la gana sin importar lo que se hablara de mí. Como en todo ámbito laboral existen reglas y para que un locutor asista a un evento tiene que ser autorizado por la gerencia. Es verdad que yo me porte un poco desobediente, pero todo esto era causado por la indiferencia que tenían hacia mí.

Varias veces yo fui a eventos sin estar autorizada, pero igual me arriesgaba con la ilusión de tomar video y si fuera posible una entrevista con los artistas. Esto era algo que les caía como patada en el hígado a mis compañeros... definitivamente yo les caía pésimo, sus caras de fuchi era algo que no podían disimular. Creo que por esta razón yo les caía cada vez más mal. No solo por colarme a los eventos sino porque increíblemente obtenía lo que yo quería. Creo que esa es una de las cosas que hasta el momento no pueden entender. ¿Cómo es que una persona recién llegada puede obtener lo que busca? Los envidiosos creen que porque alguien se está destacando en cualquier ámbito laboral o profesional son una amenaza para ellos. En su ignorancia, piensan que el éxito de los demás les arrebata a ellos lo que ya han conseguido y pretenden protegerlo de la manera más sucia y cobarde.

A las personas envidiosas eso les corroe el alma y hacen hasta lo imposible para que otros pierdan lo que han conseguido. Las personas malintencionadas pueden quitarte del camino y de alguna manera influir para que pierdas lo que has conseguido. Pero, lo que nunca podrán quitarte es tu talento y el poder que existe en tu mente. La vida te pone en el lugar preciso cuando de aprender se trata. Al principio creí que encontrarme en ese ambiente era lo peor que me había pasado, pero pasado el tiempo entendí que era necesaria la experiencia ya que con el tiempo formó el carácter que poseo hoy.

El panorama es totalmente distinto ahora, no porque ellos hayan cambiado si no porque yo cambié. Ahora, nada ni nadie puede hacerme daño sin mi permiso. Yo decido cómo reaccionar a cada crítica, a cada desprecio y a cada problema. Comprendí que lo único que importa es mi felicidad y mi paz interior. Se que todo lo que me proponga lo puedo lograr. Los tiempos cambian y la gente también, ahora no me interesa en lo más mínimo obtener aquellas entrevistas con artistas, o resaltar mi talento como locutora. Me di cuenta de que buscaba en otros lo que se encontraba en mí. Me di cuenta de que no tenía que convencer a nadie de mi talento, pero si tenía que convencerme a mí.

En este momento de mi vida nadie puede hacerme sentir mal diciendo que yo no sirvo para nada. He comprobado que todo ser humano posee un poder infinito, lo que hace la diferencia es creer en sí mismo y saber usar ese poder para bien. Todo el tiempo nos vamos a encontrar con personas infelices y faltas de amor propio, eso es algo que no podemos evitar y mucho menos controlar. Lo que sí podemos controlar es nuestra manera de reaccionar ante ellos. Siempre recuerdo un dicho de mi mama... si hay un loco que no haya dos. Y así es, no vale la pena gastar energía en algo o en alguien que no aporta nada bueno a tu vida. Recuerda que todo resultado en tu persona es tu actitud para enfrentar cada situación. La gente envidiosa siempre estará presente y te van a querer quitar del camino.

Esto tómalo como un cumplido porque si lo analizas bien esto quiere decir que tienes ese algo que de alguna manera asusta a los demás.

En días como hoy, toda esa experiencia me causa un poco de risa y a la vez algo de pena por ellos. Creo que debe ser un tanto humillante darse cuenta de que todo lo que hicieron para causarme un daño lo convertí en todo lo contrario. Pese a tantos malos momentos no tengo corazón para causarles o desearles algún daño, al contrario... siempre deseare que les vaya bien en la vida. Que irónica puede resultar la vida, nunca se sabe a ciencia cierta lo que obtendremos como resultado a una acción ya sea para beneficiar o perjudicar a alguien. Mi consejo hacia ti es... siempre procura causar un impacto positivo en la vida de quien te rodea. Recuerda que eso que deseas para alguien más lo estas deseando para tu misma persona.

El tiempo seguía su curso y definitivamente yo estaba empeñada en no dejarme vencer. Un día llegue a escuchar a mis compañeros decir que yo era una gruppi, así les llaman a las chicas que según ellos se ofrecen como una cualquiera para acostarse con los artistas y de alguna manera conseguir algo. En realidad, eso no me molesto ni me molesta en lo absoluto ya que en mi caso nunca tuve la necesidad de caer tan bajo. Es triste como la mentalidad limitada de algunas personas creen que alguien que se supera y escala más alto que ellos especialmente si es mujer es porque se vende como una prostituta al mejor postor. Este tipo de personas son muy comunes ya que desde su punto de vista ignorante y mediocre lo único que hacen es juzgar y etiquetar a personas sin tener una idea de lo que él o ella haya sufrido para alcanzar su éxito.

Una vez, en un evento con un artista muy popular era casi imposible que alguien pudiera acercarse al escenario y tomar un buen video. Yo estaba con mi cámara dispuesta a grabar y claro como siempre con la mejor actitud. Algo que siempre me decía don José era que en cualquier evento que yo estuviese siempre hiciera buena amistad con todas las personas. Eso es algo que hace la diferencia cuando te involucras con gente del medio ya que la sencillez da mucho qué decir de una persona. Esa noche, sin dudarlo le pedí al representante del artista la oportunidad de poder grabar algo de video para mi programa. Increíblemente me dijo que sí y no solo eso también me dio la oportunidad de tomarme la primera foto pese a que ya había una línea enorme para ello.

Esa vez, con mi afán de quedar bien con uno de mis compañeros quien también esperaba en la línea le dije al representante que si el podía pasar. El representante contestó con una voz fuerte diciendo, ¡no! solo tú y nadie más ellos que esperen hasta el final. Esto desencadenó un enojo con mi compañero que pienso que hasta la fecha me sigue odiando, creo que nunca lo superó. En el momento no pensé que eso había sido una ofensa para él, pero al parecer causó tal efecto que llegó a ser un problema mayor. Al siguiente lunes por la mañana sorpresivamente se apareció en mi área de trabajo dando las quejas a don José por mi comportamiento. Era obvio su odio contra mí, no cabe duda de que la gente puede llegar a cometer cualquier estupidez por su ego y arrogancia.

Me leyó la cartilla como dice mi mama, parecía un niño de tres años llorando por su juguete. Le di la razón y me disculpé porque eso era lo que él quería. Tal vez pensó que por humillarme y darme a entender que yo no era nadie él ganaría mi respeto, pero sucedió todo lo contrario. Yo no puedo tenerle respeto a alguien tan mezquino que lo único que hace es tomar ventaja de la posición en la que se encuentra solo para sentirse con poder. De ese mal padece mi gente y hablo a nivel mundial porque mi pueblo sufre cuando el poder en manos equivocadas nos minimiza y nos somete a ir en contra de nuestros ideales y nuestra libertad.

Después de ese día y esa platica desagradable mis ánimos estaban por el suelo… me encontraba más desanimada que nunca. Deje que pasara el tiempo y trate de no meterme en ningún otro lío y solo enfocarme en aprender lo más que fuera posible. De alguna manera me sentía atrapada ya que no podía hacer nada que no fuera criticado y me llamaran la atención. No solo era el sentimiento de impotencia el que invadía mi mente a cada momento si no también el miedo a defenderme. Los días se convertían grises y mis sueños los sentía cada vez más y más lejos, algunas veces desempeñar mi trabajo me parecía algo difícil.

A través de una ventana pequeña y rústica solo podía divisar de lejos los techos de la ciudad de Salem. Cada mañana antes de iniciar mis labores en la pequeña cabina de radio echaba un vistazo a los techos de la ciudad y me daba cuenta de que el tiempo pasaba cada vez más lento. Aunque no todo era como yo imaginaba que sería de todos modos me sentía una persona exitosa por el simple hecho de atreverme a enfrentar todas las dificultades a las que estaba expuesta. La vida no siempre nos pondrá donde nosotros deseamos estar, es preciso pasar por los peores momentos para descubrir quienes somos y qué es lo que en verdad queremos.

Un día, mientras contemplaba el cielo en combinación con los techos Salem recordé que había estado en un panorama similar antes. Ese recuerdo me hizo tocar fondo y me di cuenta de que ya había recorrido un largo camino y entendí que Dios no me había traído tan lejos para abandonarme y su mejor plan estaba a punto de dar resultado.

Cuando solo era una adolescente de trece años, me vi en la necesidad de buscar la manera de ayudar a mi madre. Por designios de la vida mi padre había fallecido dejando un sin fin de gastos de hospital debido a su enfermedad. Esa vez pude convencer a mi madre y ella me otorgó el permiso para que yo fuese a la ciudad y buscara un empleo con ayuda de mi tía.

Mi mente era tan joven e inocente que creía que con eso solventaríamos muchas de las necesidades que enfrentábamos en ese momento. Con todo el entusiasmo mi tía encontró un trabajo que se acomodaba a mis capacidades. Por falta de recursos no continúe mis estudios, aunque era uno de mis sueños obtener una maestría en leyes o psicología no fue posible. Entonces, el trabajo que encontraron para mí fue de limpieza en una clínica privada donde a diario realizaban todo tipo de cirugías. A mi edad el trabajo duro no era ningún problema siendo que ya estaba acostumbrada a realizar labores duras. Me sentía entusiasmada, pero a la vez con aquella idea revoloteando en mi cabeza de algún día poder lograr todos mis sueños.

Una de mis labores en aquel trabajo era lavar las sábanas que se usaban en la clínica. Para mi mala suerte, la lavadora estaba fuera de servicio y el lavado de ropa tendría que ser a mano. Era un trabajo duro y agotante, pero eso no era todo...aún puedo recordar los desechos de aquellas sábanas que parecía corréntiales de sangre que se colaban entre mis manos. A mi corta edad y estar fuera de casa me causaba mucho sentimiento y a escondidas de mi tía me soltaba a llorar. Las noches eran demasiado oscuras y los días parecían eternos. El área de lavado estaba situada en el techo de la clínica. En esos días me daba un sentimiento enorme y mis lagrimas corrían por mis mejillas, de alguna manera quería que como un cuento de hadas mi vida se transformara. Pero ¿Cómo podía una chiquilla como yo realizar sueños tan grandes?

Un día, mientras realizaba aquella terrorífica labor el sentimiento y curiosidad me hizo caminar hasta el borde del techo. Me preguntaba si la vida tendría algo mejor para mí que solo ser la lavandera de aquella clínica. Ese día descubrí que frente a la clínica y al cruzar la calle se encontraba la terminal de autobuses. Esa vez sentí el deseo de irme lejos donde pudiera encontrar una oportunidad de realizar mis sueños. Al día siguiente, sin dar explicaciones renuncie al trabajo y regrese a casa.

A partir de aquella experiencia ya no volví a ser la misma chiquilla, me di cuenta de que la vida era difícil y realizar mis sueños no sería nada fácil. Sabía que tenía que arriesgarme a lo que fuera. El estado de limitación en que me encontraba me hizo ambicionar lo que para muchos sería imposible.

De alguna manera estar en la cabina de radio y mirar a través de la ventana me recordaba aquel tiempo cuando era la lavandera de la clínica. En medio de las dificultades que enfrentaba en ese momento sentí la misma sensación que sentí cuando descubrí la estación de autobuses.

Las circunstancias que estaba viviendo en ese momento eran totalmente diferente. Me encontraba en el lugar que siempre había soñado estar, pero con un montón de personas que a toda costa querían destruir mis sueños. Esa persona que ya me traía entre ojos llego a decirme que yo tenía que decidir entre la televisión o la radio. Esto fue algo que no me gusto para nada y no entendía como podía haber tanta envidia y egoísmo en ese ambiente artístico tan limitado de conocimiento.

Sin tomar en cuenta lo sugerido por esta persona seguí como siempre y creo que eso lo enfadó aún más. Yo no estaba dispuesta a renunciar a nada solo porque a unas personas no les pareciera lo que yo hacía. Era evidente que les molestaba la idea de que sin tener ayuda de ellos igual yo podía estar en los mismos lugares sin tener que usar influencia de nadie. La verdad de lo que pasa en esto del medio artístico y especialmente con la gente hispana es que nadie está dispuesto a ser superado. A esto, queda muy bien el ejemplo de los cangrejos atrapados. Nadie deja subir a nadie y cuando ven que vas subiendo te jalan hacia abajo para que estés en el mismo lugar que ellos.

En una ocasión me atreví a desafiar una compañera quien sigue siendo una mujer arrogante, ese incidente causó que don José me llamara la atención y sugiriera quedarme quieta por un tiempo. Tuve que hacer mi mayor esfuerzo para no meterme en mas líos. Estoy en desacuerdo que por la manera egoísta de otras personas una persona tenga que limitarse a realizar lo que le apasiona. A los egoístas y envidiosos simplemente no les agrada la idea de que alguien esté tratando de superarse, y peor aún si estas logrando lo que ellos no pueden. Yo estaba segura de que la situación con ellos no cambiaría, pero de alguna manera considere encajar en su ambiente de falsedades. Imagínate, lo que es no saber. Pensé que llevarles la corriente y tratar de encajar en su ambiente de falsedades e hipocresía sería la forma de llevar la fiesta en paz.

Es repugnante ir en contra de los buenos principios solo para complacer a gente inepta que solo buscan la manera de alimentar su ego. Esa experiencia que viví en ese tiempo me hizo abrir los ojos y enterarme de cómo se comporta el tipo de gente arrogante. Hay un dicho que dice que no hay mal que por bien no venga, y en mi caso fue así ahora se cómo manejar cualquier situación referente a personas egocéntricas y vanidosas. Don José creía que en cuanto ellos me conocieran un poco más cambiarían su manera de pensar hacia mí. A decir verdad, ya no me importaba si yo les agradaba o no, yo no estaba como para pasar el resto de mi vida queriendo agradar y complacer a más gente.

Demasiado tiempo había perdido con mi expareja como para regresar a lo mismo. Me sentía asqueada de experimentar ese sentimiento y llegó el momento donde dije... ¡basta! ¿Cómo es posible que cualquiera llegue y se sienta con el derecho de controlar mi vida? Absolutamente nadie tiene el poder de manejar la vida de alguien más al menos que él o ella lo permita. A si como en las relaciones de pareja o en el ambiente laboral siempre encontraremos personas abusivas que quieran imponer su poder o influencia para controlar al más débil. Debido a mi experiencia recomiendo que sea cual sea tu situación no te dejes intimidar, nadie tiene derecho a manejar tu vida a su antojo. No permitas ser títere de alguien más.

Existen muchos centros de ayuda a los cuales tú puedes recurrir, pero lo más importante es que tú te des cuenta lo que vales como persona. Todavía recuerdo la vez cuando esa persona quien solo era un simple programador me dijo que yo no tenía el derecho de hablarle a él con la misma confianza que los demás le tenían. Además, se atrevió a ordenarme cambiar mi forma de realizar mi trabajo. Imposible de olvidar...todavía lo recuerdo perfectamente, me dijo... por favor bájale a tu motivación no creo que a la gente le interese. Indudablemente todo eso me dolió y agregando todo lo que ya había pasado antes sentía que estaba en el peor lugar del planeta tierra. Es cierto que Dios no nos pone en situaciones si él no supiera que somos capaces de superar. Hasta ese momento yo no pensaba en mandar todo al carajo, aunque yo sabía que eso era lo que ellos querían. De alguna manera me sentía protegida por don José y su esposa, además solo los veía en ocasiones.

Mi pensamiento era de mantenerme lo más alejada posible de esa bola de resentidos. Siempre quise colaborar en esa empresa y de alguna manera quería continuar ahí. Quiero dejar en claro y apartarle de este enredo al dueño de la empresa quien no tenía conocimiento de lo que me sucedía, todo fue creado por sus empleados. Soy de las personas que tal vez no hablo mucho, pero lo poco que digo es genuino y me sale del alma. No me gusta ir por la vida aparentando algo que no soy. Eso no quiere decir que soy mala persona solo me considero diferente. Si alguien ocupa de mi ayuda la ofrezco con el corazón sin esperar nada a cambio. Si alguien me pide que me aleje lo hago, si alguien piensa que mi amistad no le sirve me retiro. He aprendido a vivir sin apegarme a nada y a nadie el que me aprecia lo aprecio, el que me ama lo amo y quien me odie simplemente no tiene espacio en mi vida.

Siempre quiero sacar algo bueno de todo lo que sucede en mi vida, aun de personas que no aportan nada positivo. Siempre me gusta analizar a cada persona que se cruza en mi camino ya que de esa manera me doy cuenta a qué lucha se está enfrentando. Toda persona es distinta a la otra y no existe alguien que no se encuentre luchando en alguna área de su vida. Si cada uno se enfocara en su propia vida los resultados serían mejores, pero a muchos les gusta intervenir en la vida de los demás. Hacerle la vida imposible a alguien más y vivir amargado es decisión propia, al fin y al cabo, cada uno lucha y se quema en su propio infierno. Es de suma importancia ocuparnos de nuestra propia vida y no andarse metiendo en lo que no nos importa.

Después de batallar con mi propia guerra interna y deseando con toda mi alma que las cosas tomarán un rumbo diferente, llegó como una llamarada la noticia que me dejó devastada. Justo cuando pensaba que la situación mejoraría paso todo lo contrario. Un día por la mañana, llegó don José con un semblante de gran desanimo que jamás lo habia mirado en él. Pensé que se trataba de alguna broma ya que había ocasiones que le gustaba jugar y ponerme de nervios. A veces pretendía culparme por alguna cosa solo para romper con la rutina y conversar de algo diferente. Al darme cuenta de que no era ninguna broma lo tome en serio, y sí que era muy en serio ya que se trataba de su salud.

Ese día sentimos que el mundo se nos había caído encima. Para nosotros ya no importaban los conflictos que habíamos tenido con los compañeros ni cuáles serían los planes para la siguiente semana. En momentos como esos uno se da cuenta del verdadero valor de la vida y cuáles son las cosas que de verdad importan. Cuando yo solo tenía trece años perdí a mi padre biológico, en esa etapa de mi vida todo era totalmente diferente y mis problemas y retos eran un tanto mayor ya que yo solo era una niña.

Hasta el día de hoy sigo recordando a mi padre ya que además de haber sido un hombre trabajador fue extremadamente optimista. Él fue quien me enseñó a nunca rendirme y siempre luchar por lo que uno quiere. En mi interior sentía como si la historia de cuando perdí a mi padre se estaba repitiendo en don José.

Cuando él me dijo que su salud no estaba bien y que se encontraba luchando con un severo cáncer de páncreas fue como si un remolino de sentimientos y recuerdos me envolvían queriendo de alguna manera regresar y detener el tiempo. Cuando te encuentras en una situación donde tu vida está de por medio cada segundo es lo más importante y cada respiro se vuelve invaluable. Don José, lleno de esperanza y confiando en que Dios tenía la última palabra siempre trato de estar lo más optimista posible. En ese tiempo nuestras pláticas de todos los días y el entrenamiento de radio se habían convertido en reflexionar en cómo vivir una vida feliz y estar lo más cerca de Dios posible.

En esos días trate de ser fuerte y darle todos los ánimos posibles y agradecerle en todo momento el impacto que él había causado en mi vida. La confianza que él había puesto en mi era algo de mucho valor para mí. Los días pasaban y todos estábamos positivos rogando a Dios por su pronta recuperación. A pesar del esfuerzo médico su salud seguía empeorando y debía someterse a una riesgosa cirugía. Es increíble la manera de cómo nos puede cambiar la vida en cuestión de segundos. Para mí ya nada tenía el mismo significado, los días se volvieron largos y solitarios. Don José dejó de frecuentar la radio y la tristeza invadía mi vida cada día más.

Como seres humanos que somos no tomamos en cuenta lo importante que es cada segundo de vida. Muchos pasan y terminan su vida envueltos en rencores, envidia y egoísmo. ¿Qué caso tiene vivir de esa manera? ¿Qué sabor le tomas a la vida cuando no la estás viviendo? La vida la tenemos prestada, por eso te digo que no desperdicies lo que en algún momento se terminara. No hay como vivir consciente y agradecido con lo que tenemos y con lo que no tenemos. Esa es la razón por la cual debemos hacer un esfuerzo extra para ser felices. No permitas que los malos momentos, los malos recuerdos, los malos sentimientos, las malas experiencias, tus miedos y la rutina causen el suicidio de tu libertad.

Don José sabía que su vida dependía de esa cirugía y que prácticamente estaba entre la vida y la muerte. Pese a todo el seguía teniendo esa pasión interminable por la radio y aunque no se sentía del todo bien ponía su mayor esfuerzo para animarme a no darme por vencida. Cuando el tiempo estaba cercano a su cirugía la incertidumbre de no saber si saldría bien librado nos tenía prácticamente al borde de la desesperación. En todo el tiempo que tuve la oportunidad de trabajar con don José aprendí mucho. Gracias a esa conexión de afecto descubrí el verdadero valor de las personas y los sucesos que de verdad importan en esta vida. Algunas veces solo pasaba por la radio para de alguna manera olvidar su estado de salud y recordarme que lo más importante en la vida no es ni el dinero ni la fama o cosas materiales si no vivir pleno y disfrutar cada momento al máximo.

El corazón se vuelve pequeño cuando te enfrentas a este tipo de experiencias. El sentimiento te recorre de pies a cabeza y la sensación de abrazar el tiempo y la vida te invade el alma. En ese instante podía sentir y ver como las memorias pasaban sin darme tiempo a sostener los recuerdos en mis manos. Solo mi mente era capaz de rescatar y guardar para siempre los momentos que jamás regresarían. Cuando llegó el momento que iría al hospital el sabía que tal vez no regresaría con vida y me dijo... tal vez puedo morir así que escucha muy bien lo que te voy a decir... ¡nunca! por ninguna circunstancia dejes de creer en ti. Nunca permitas que alguien te diga que no sirves para nada, nunca dejes luchar por lo que quieres, nunca dejes ir la oportunidad de aprender. Recuerda que entre más sabes más vales.

En ese momento mis lágrimas eran imposibles de controlar, lo único que yo quería era que Dios le permitiera vivir. Aunque yo estaba segura de que Dios había puesto un ángel en mi camino, también sabía que si él tendría que irse era porque el momento había llegado. En situaciones como esta es difícil de aceptar la realidad porque se trata de lo único que no podemos comprar ... la vida. Recuerdo que cuando era niña mi padre solía decirnos... todo en esta vida tiene solución menos la muerte. Vivan para hacer el bien conviértanse en personas productivas y felices. No le pongan tanto drama ni se compliquen la vida con sus problemas porque ustedes mismo tienes la solución a todo. Es verdad, cuantas veces y cuánto tiempo no hemos desperdiciado solo por no tener la capacidad de arreglar los problemas que se nos presentan en nuestro diario vivir.

Hay personas que viven toda su vida alimentando las malas experiencias y dando permiso a que el resentimiento u odio invada su vida como un veneno mortal. No es necesario llegar a estar al borde de la muerte para darse cuenta el valor que tiene nuestra vida y lo afortunados que somos en poder estar vivos. La vida está llena de sabiduría y sorpresas al igual que errores y desilusiones. Es por esa razón que descubrir el verdadero valor de la vida no es fácil, especialmente para las personas que no quieren hacer ningún esfuerzo. Solo un ser lleno de audacia y hambriento en descubrir cosas nuevas se atreve a ir en contra de sus circunstancias.

Recuerda que todo ya sea bueno o malo tiene una razón del porqué. Para qué esperar estar al final de la vida para darse cuenta cual era en realidad el propósito de nuestra vida. Para que esperar a que lleguen los años y tu cabello se cubra de blanco para querer acabarte el mundo a mordidas. Atrévete ahora y listo. Este es el mejor momento para que realices todo lo que quieres. ¿Te preocupa que la gente hable? Déjalos que hablen, si fueran mudos la vida se tornaría aburrida y no tendríamos motivos para callarles la boca. En conclusión...haz lo que te haga feliz y punto, claro sin tener que causar daño a nadie.

Debo agradecer a Dios y a la vida por la oportunidad de vivir cada experiencia, aunque algunas muy dolorosas no cambiaría nada de lo vivido. Gracias a ello me convertí en lo que soy, gracias a cada experiencia he crecido como ser humano. Cuando vives tiempos difíciles ya sea en tu vida personal o laboral nunca reniegues ni te preguntes la razón del porque te sucede eso a ti. Debes de preguntarte para qué te sucedió. ¿En qué área de tu vida tienes que aprender o mejorar? Los cambios buenos en tu vida siempre vendrán acompañados de grandes retos que superar, si no estás dispuesto a pasar la prueba no podrás ser merecedor de tal cambio. Olvídate de lo que hacen o cómo viven los demás, esa es la manera más tonta de perder el tiempo. Mucha gente no se ocupa de su propia vida por estar al pendiente de lo hacen los demás. No seas tu uno de ellos, no caigas en esa manera vana de perder el tiempo.

Mucha gente se pasa la vida juzgando y criticando a las demás personas y pasando por alto su propia vida creyendo que solo ellos son perfectos. La verdad de todo esto es que lo único que dejan muy en claro es su decadencia de conocimiento y la falta de amor propio. Tu no seas como los demás, esa era una frase que siempre me decía mi papa y lo mismo te digo a ti querido lector. Ser diferente es lo mejor que te puede pasar, tu eres ese cambio que el mundo necesita.

La mayoría de las personas se quejan de todo, desde el mal gobierno hasta las pequeñas cosas cotidianas culpan a todo el mundo sin darse cuenta de que quienes tienen que cambiar son ellos mismos. Por eso están como están, no ven el progreso porque están esperando que alguien más lo haga. Quieren avanzar, pero no están dispuestos a hacer nada al respecto. ¿Quieres ver el cambio? Pues empieza por ti mismo y empieza hoy.

Solo un par de días antes de que don José se sometiera a la cirugía hablamos y prácticamente se despidió de mí. Comentó que en todo su tiempo que había trabajado en radio nunca había encontrado una persona con el entusiasmo y ganas de superarse como yo. Él estaba seguro y a la vez feliz de que había sido él quien me diera la oportunidad y de alguna manera haber descubierto un gran talento. Lo único a lo que él no encontraba una respuesta era él porque el resto de los compañeros decían todo lo contrario de mí. No quería aceptar los comentarios negativos y mucho menos que todos dijeran que yo no servía para nada y que mi trabajo como locutora era una basura.

Cansado de buscar una respuesta a todas las preguntas que se hacía no encontraba una razón. Por instantes se sentía un tanto decepcionado que no dieran crédito a su experiencia cuando mencionaba que tenía en entrenamiento a una persona con mucho talento. Llegó a una conclusión y me dijo... enfócate en aprender, enfócate en dar lo mejor de ti siempre. Para mi eres una persona con un talento tremendo, tienes todo lo que muchos quisieran tener. Si alguien dice o piensa lo contrario es porque se siente amenazado. Creo que en el fondo el sabía que ya no regresaría y quería que, aunque ya no estuviera físicamente jamás olvidara que él creía en mí. Él tenía toda la razón, aunque ya no está hoy sigo recordando cada palabra que me dijo y las comparto contigo querido lector.

Don José me lo decía todo el tiempo y lo mismo te digo a ti...tu eres una persona única, tu eres alguien con mucho talento, cree siempre en ti, nunca te des por vencido y nunca dejes de aprender. Si la gente te critica, déjalos al fin y al cabo ellos no te dan de comer. En pocas palabras...que te valga madre lo que diga la gente. La gente siempre hablara hagas lo que hagas, así que te recomiendo que hagas lo que te hace feliz. Don José estuvo hospitalizado varios meses luchando como un buen guerrero rehusándose a darse por vencido. Mientras tanto yo seguía esforzándome en dar lo mejor de mí pese a mi gran preocupación por su salud y mi ajetreada vida personal.

Hay ocasiones en la vida cuando parece que eres un imán para atraer las tragedias y en ese momento se nos desmorona la vida.

Todo lo que enfrentamos en tiempos difíciles es porque hay una recompensa de tras de ello y para ser merecedores es preciso pasar por la prueba. A si como a la noche le sigue el día y después de la tormenta llega la calma a si mismo sucede en nuestra vida y en nuestros pensamientos. Hoy no le temo a la muerte porque tengo seres queridos que ya no están físicamente. Descubrí la manera de nunca morir porque ellos me lo enseñaron. Cuando creas un impacto positivo en una persona ella te recordara para siempre y de ese modo nunca morirás. En cambio, si solo pasaste por esta vida haciendo daño y dejando rencores, en lugar de recordarte harán todo lo posible para olvidarte.

Mucha gente le tiene temor a morir y dejar principalmente a sus hijos. Eso es algo que no podemos evitar, pero hay que tomar en cuenta que es lo más seguro que nos puede pasar en el momento que menos lo esperamos.

Por esa razón nuestro enfoque debe de estar basado en la búsqueda de la felicidad, en tener la capacidad de perdonar, en vivir un día a la vez sin reproches, en dejar ir el pasado y todo lo negativo que haya sucedido en nuestra vida. La muerte es algo inevitable y lo triste no sería morir, sino morir sin antes haber vivido.

No quiero ser tan drástica en el modo de cómo referirme a la muerte, lo que pasa es que estar tan de cerca ella y perder seres tan queridos en varias ocasiones me da la experiencia y oportunidad de analizar a detalle cada suceso. Nada pasa solo por pasar, no conoces a alguien solo por casualidad o estás para aprender o estas para enseñar, pero estas por alguna razón.

Después que apenas salía de mi conflicto personal y mi mente daba un giro totalmente diferente al tomar en cuenta el valor que tenía mi vida Dios tenía preparada otra prueba que nuevamente me hizo caminar por fuego. Debido al empeoramiento de salud de don José la gerencia decidió mover la radio donde yo trabajaba a la oficina principal. Esto era totalmente drástico para mí. Todo sucedió tan rápido que no tuve tiempo de buscar otro empleo. Mi pensamiento fue ir solo por un tiempo mientras encontraba otro trabajo. Yo estaba convencida que al ir allá me metería en la boca de lobo. Estaba convencida de que... o bien salía despellejada o salía más fuerte. Esas eran mis únicas opciones, entonces otra vez mi mente jugaba un papel importantísimo ya que si yo quería controlar la situación tenía que controlar mi mente primero.

Solo quería ser lo más optimista posible y controlar cada pensamiento sabiamente. Quería disimular para que nadie sospechara que una guerra de sentimientos sucedía en mi interior. No era nada fácil convivir con personas que en el fondo yo sabía que eran tan falsas y se me revolvía el estómago con solo verlos. Me tomaba una hora de camino llegar hasta allá. Con tantas cosas sucediendo en mi vida ese era un buen momento para llorar sin que mis hijos pudieran verme. Había pasado solo un mes de haber llegado a trabajar a la empresa y yo estaba dispuesta a renunciar. En realidad, era demasiado para mí y pensaba que solo una persona masoquista se quedaría ahí a sabiendas de que todos pensaban que yo era una charlatana.

Yo sabía que estar en ese ambiente y tratar de manejarlo me costaría demasiado esfuerzo y gastaría mi energía tratando de encajar en un lugar equivocado. Tal vez lo más fácil era renunciar y asunto arreglado, para que complicarme la vida por gusto si yo sabía cuál era la solución. Había tomado la decisión cuando recibí una llamada del hospital, era don José y ese día me partió el corazón. Estoy segura de que en el fondo el sabía que ya no regresaría y quería asegurarse de que por lo menos yo me convirtiera en una mujer fuerte y con un carácter indestructible.

Para ese entonces mi jefe, dueño de la empresa a quien agradezco la oportunidad de permitirme trabajar para él me había planteado otra opción. Me ofreció trabajar como asistente de administración en su empresa. Al momento lo tomé con desconcierto, pero a la vez consideré que sería un buen cambio por el poco tiempo que estuviese allí. A final de cuentas mi idea era salir de ahí en cuanto fuera posible.

Aquella tarde cuando recibí la llamada de don José hablamos del tema, le dije que estaba dispuesta a dejar el trabajo porque prácticamente no tenía sentido para mí. Seguir en un lugar donde ya no realizaría lo que en verdad me apasionaba era una pérdida de tiempo y además la única persona interesada en mi progreso ya no estaba. Él apenas podía hablar y haciendo un gran esfuerzo me dijo que me quedara y que aceptara el cambio de trabajo a la oficina. Indudablemente don José era una persona con mucha sabiduría y me dijo… yo sé porque te lo digo quédate en ese trabajo y verás que al final tu saldrás ganando. Claro que yo no estaba de acuerdo, pero tomando en cuenta su interés en que yo creciera en todos los aspectos accedí. Con su voz quebrada, y yo a punto de romper en llanto le prometí que me quedaría por lo menos un año y que haría mi mayor esfuerzo en aprender.

Otra vez la vida me ponía a prueba, me encontraba con mis emociones y sentimientos hechos una revoltura. Para completar mis pensamientos y miedos estaban pegados a mi tratando de ganar la batalla y apoderarse de mí por completo. Fueron varios días de solo llorar y llorar. Hay veces que la única solución que encuentras para llenar ese vacío es llorando. Aunque llorar no soluciona nada por lo menos descansas ya que es la manera de desahogar tus penas. En ocasiones, nos preguntamos una y otra vez porque nos pasa lo que nos pasa. He aprendido que cada suceso fuerte viene con un alto grado de aprendizaje y si optamos por evitar tal suceso jamás tendremos la oportunidad de aprender.

La vida misma te va llevando de nivel a nivel todo depende de uno mismo, que tanto quieres crecer y cuan dispuesto estás para alcanzar nuevos niveles de aprendizaje. De esa manera te enfrentas mejor a la vida y creas nuevos estándares para ti mismo y las personas que están a tu alrededor. No le tengas miedo a los grandes cambios ni a los acontecimientos que te sacan de tu zona de confort porque estos llegan para prepararte. No solo te preparas para enfrentar la vida sentimental, personal, física, profesional, espiritual sino también financiera. Todo tiene que ver con todo, al final la vida es un círculo que tiene que ser recorrido y completado por ti mismo de la mejor manera.

Depende de ti si quieres completarlo o no, la superación, el conocimiento y la libertad son opcionales.

Recuerda que todo requiere esfuerzo nada en tu vida se realizara si no apuestas tu propia vida y te comprometes contigo mismo. Eso precisamente fue lo que yo hice, además de la promesa que le hice a don José había hecho una promesa conmigo misma y eso era cumplir pasara lo que pasara. Si hay algo en lo que soy muy estricta es en no defraudar a nadie cuando la lealtad y confianza están de por medio. Si digo algo lo cumplo del agua a donde dé. Si quieres ser una persona admirable cumple tu palabra, de lo contrario quedas como un cobarde. No hables demasiado solo para impresionar, nada habla mejor de ti que los hechos. Muchos se llenan la boca hablando y hablando y al final no hacen nada. Es mejor trabajar callado y que tu éxito hable por ti.

Apenas iniciaba el año 2018 cuando parecía que el reloj marcaba las horas más lento que nunca. Me encontraba envuelta en mi calamidad sintiéndome derrotada y realizando un trabajo que no sabía si tendría éxito ya que mi conocimiento era mínimo. A penas medio había superado una parte de mi vida cuando estaba luchando en otra. No era fácil lidiar con mi inseguridad, y para colmo sentía que de alguna manera los compañeros celebraban mi fracaso. En ese tiempo lo vi como un fracaso, pero hoy lo veo como la mejor experiencia. El controlar mis pensamientos y emociones fue todo un reto ya que imaginariamente tuve que crear una especie de caja donde yo decidía quién y cuándo alguien podía entrar.

Recuerdo que un día por la mañana uno de mis compañeros me dijo con voz sarcástica... aquí es donde tienes que estar aquí estás bien. Me dio coraje, pero lo pude controlar y pensé... si estoy aquí es porque yo quiero y tengo un motivo. Voy a estar bien donde yo decida estar no donde alguien mal intencionado me diga dónde o con quien debería estar. Creo que la gente tiene la mala costumbre de opinar cuando nadie se lo ha pedido. Piensan que son los mejores para arreglar la vida ajena cuando en realidad no pueden ni con la de ellos mismos. A esos yo les llamo ¡meticiones! no tienen nada bueno que agregarle a tu vida solo quieren tirar su veneno para que seas igual de miserable que ellos.

Los días pasaban y ahora el reloj marcaba las horas más a prisa que nunca ya que la vida de don José estaba casi por terminar. Además de tener la preocupación por su salud me preocupaba cada instante que yo pasaba conviviendo con aquellas personas en mi trabajo. Y de mi vida sentimental ya no quería saber nada, esa quedo clausurada temporalmente. Cuando te encuentras envuelto en una situación incómoda especialmente en el campo laboral la convivencia se torna insoportable. En ese tiempo pasé muchos días sin poder dormir tranquila ya que todo era un conjunto de emociones que me tenían sumergida en la desesperación. Quería tener la mejor actitud, pero de repente no faltaba alguien con un mal comentario que prácticamente me echaba en cara mi fracaso.

Un día una compañera me dijo... no creo que dures mucho tiempo en esta posición, tu jefa es un dolor de cabeza no hay quien le aguante.

De verdad que la gente no está a gusto con nada y me asquea que esto suceda muy a menudo en las áreas laborales. Unos días después llegó la noticia que me rehusaba a aceptar, la salud de don José había empeorado tanto que estaba en la etapa final. No quería aceptar que una persona que había luchado por meses contra el cáncer estaba a punto de perder la batalla. En ese momento me puse a reflexionar entre la diferencia en perder físicamente la vida y perder el entusiasmo a vivir la vida. Si algo aprendí en el tiempo que conocí a don José fue el verdadero valor de la vida.

Un día él me dijo que hubiese dado lo que fuera por lidiar con problemas como los míos en vez de estar enfrentando a la muerte como él estaba. Recuerdo que nuestras ultimas platicas eran solo para despedirnos, aunque de alguna manera él tenía la esperanza de seguir viviendo. Me dijo que si Dios le concedía seguir viviendo sería para dedicarse a compartir su conocimiento y ayudar a otras personas a realizar sus sueños.

Ese día hicimos un recordatorio de todas las experiencias que habíamos tenido y algo que él nunca entendió era por qué el resto de los compañeros me tenían mala fe. Me dijo que nunca en toda su carrera profesional se había encontrado con una situación parecida, pero que igual respetaba a cada persona con su manera de ser y de pensar. Es sorprendente y a la vez desalentador que existan personas tan mezquinas y faltas de valor propio que se enfocan en derribar a quienes tienen el deseo de superarse. Lo único que a este tipo de personas les hace feliz es ver que solo ellos pueden tener éxito, y cuando se sienten amenazados usan todos los recursos para derribar a quien se les ponga enfrente.

Recuerdo una vez, cuando todavía estaba como locutora don José me dijo que le pidiera al programador unos anuncios personalizados para darle más importancia a mi programación. Don José creía que eso sería algo bueno y le daría un toque diferente a lo rutinario. Con gran emoción lo hice, pero jamás imagine la reacción tan egoísta con la que reaccionaría la persona encargada de hacer ese trabajo. Me da coraje porque este abuso emocional ocurre muy seguido solo porque cualquier mequetrefe se cree que tiene el control sobre el más débil. Esa persona tuvo la osadía de decirme que no me diera yo tal importancia, que si el público escuchaba la radio era por la música no porque yo estuviera al aire.

Eso sí que fue un golpe bajo a mi autoestima, creo que en cualquier área de trabajo que te digan que tienes la mínima importancia causa un trauma emocional irreversible. Ese día llore y llore, es necesario ser de piedra para que un comentario así no cause tal impacto y más cuando una persona se encuentra en el proceso de crecimiento. Es preciso que cada persona sepa cuál es su valor y no dejar que nadie pase por encima de sus valores y su dignidad. Por esa razón me decía don José, tu nunca dejes de aprender porque esa es la herramienta que te llevará a nuevos niveles. Nunca es demasiado tarde para aprender, no importa en qué área desempeñas tu labor. Siempre procura aprender todo lo que puedas.

Finalmente, el segundo día del mes de marzo don José perdió la vida y aunque ya lo presentía el golpe fue bastante fuerte. Ahora sí, me encontraba en el momento que tenía que ser más fuerte que nunca y poner en práctica todo lo aprendido. No lo podía creer, pero era la realidad, entonces comprendí la importancia de buscar mi felicidad. Hoy estamos y mañana no, en cuestiones de vida no hay repetición. No es fácil tener a diario una mente lista para enfrentarse a todo, pero si se puede crear una disciplina poco a poco. Es importante crear una rutina de pensamientos positivos que sean de ayuda no solo para uno mismo sino para las personas con quien compartes tu vida.

Lo que yo hice primeramente y sigo haciendo cada mañana es preguntarme... ¿Cuál es mi propósito en esta vida?
¿Qué es eso que me motiva a seguir en la búsqueda de mi felicidad? ¿A quién o a quienes quiero impactar con mi comportamiento y mi forma de ver la vida? Tengo muy en cuenta que mi felicidad depende de mí misma. Lo único que permanece para siempre es el impacto que hayas causado en la vida de alguien más. En cuestiones

de parejas, si amaste con toda el alma y la otra persona no lo valoro por lo menos te quedas con la satisfacción que tu si amaste de verdad.

Es bueno darse cuenta de que la vida es solo un ratito y que las personas que llegan a ser parte importante de tu vida no son tuyas para siempre ni tú de ellos. Cuando te das cuenta de eso aprendes a no vivir apegado a nada ni a nadie quien está contigo es porque quiere estar y quien no quiere estar contigo es porque no lo necesitas en tu vida. Con la mente en entrenamiento y poniendo en práctica día a día todo lo aprendido pude salir de un tiempo de dificultad y entrar a un tiempo de victoria. No fue nada fácil, pero después de tanta lucha pude derrotar mis miedos e inseguridades. No quiero decir que se de todo, pero si he aprendido mucho. Por lo menos he aprendido a controlar mis pensamientos. Me emociona saber que estoy en el camino correcto hacia el saber más. Quiero que tu mi querido lector tengas esa curiosidad, la curiosidad de aprender más. Recuerda que quien decide aprender a entendido que existe algo de ignorancia en uno mismo, pero también ha entendido que se puede salir de la ignorancia cuando se toma la decisión de aprender.

Hoy no guardo rencores con nadie y soy de lo más honesta en decirlo, solo que tengo una mente muy buena para recordar y me es imposible olvidar. Eso no quiere decir que no he superado las etapas de mi vida, quiere decir que existe una historia llena de experiencias que solo utilizare para beneficio positivo. Quiero elogiarme porque lo merezco, quiero celebrar cada triunfo porque por más pequeño que sea es importante. Te recomiendo que cada meta que cumplas por muy pequeña que sea la celebres en grande. No importa si a ojos de otros parezca insignificante, el logro es tuyo y solo tú sabes lo que luchaste para lograrlo.

10

De negativo a positivo

En el camino de la vida aprendí que yo soy la primera persona que debe creer en mí. Así mismo tienes que pensar tú, la primera persona que debe creer en ti eres tú mismo(a) a través de las experiencias y sucesos dolorosos en mi vida me convertí en un aprendiz. Aprendí a convertir lo negativo a positivo y ver una posibilidad donde muchos sólo ven derrota. Se siente bien cuando te das cuenta de que pese a todo y a todos aún conservas esa cualidad que te distingue entre otras personas. Siempre quiero ver la vida con optimismo y nunca quiero perder la audacia que me impulsa a proponerme nuevas metas. Así mismo quiero que tu veas la vida, porque tu vida está llena de cosas buenas, llena de posibilidades, llena de éxito, llena de felicidad y llena de amor. El secreto está en que tu creas en ti y que nada ni nadie te haga creer lo contrario. Siempre piensa en ti como primer lugar y nunca te detengas en seguir tus sueños solo porque al resto de la humanidad no le parezca.

¿Qué tan fácil o difícil puede ser controlar los pensamientos? Esta es una pregunta que no es muy fácil de contestar hasta que no haces la prueba tú mismo. Una persona puede pasar la vida entera pensando en todo lo mal que le ha ido en la vida y no hacer nada al respecto. Otras personas pueden pasar toda la vida pensando en grandezas y tampoco hacer nada al respecto. Pero, solo algunas personas son las que se atreven a tomar acción. Aquí, es cuando se encuentra uno en ese trance de pensamientos dislocados sin una meta fija a donde llegar. Sean positivos o negativos los pensamientos siempre estarán en nuestra mente. Todo depende de uno mismo y de qué tan capaces seamos para controlarlos. Lo digo por experiencia propia, hay tiempos donde es tanto el acoso de nuestra propia mente que no sabemos ni lo que en realidad queremos. Ahí es cuando perdemos el enfoque y peor aun cuando existen personas que creen saber qué es lo mejor para ti.

En muchas ocasiones me vi envuelta en situaciones difíciles solo por no saber decir... no quiero. Cualquier persona puede manipularnos y si no estamos preparados no tendremos el valor de decirles... no. Esto es algo que no solo a mí me ha pasado, existen cientos o miles de personas con el mismo dilema. Todo esto es consecuencia de no saber controlar los pensamientos ya que ellos juegan el papel más importante a la hora de tomar decisiones. Creo que en parte esa es la conexión que lleva a descifrar el misterio de los pensamientos "la decisión" ¿Qué tan dispuestos estamos a tomar la decisión de ir más allá y controlar cada pensamiento que pasa por nuestra mente?

Suena tan sencillo, pero a la vez complicado, por ejemplo, si hoy pensarás en quedarte metido en la cama todo el día y no realizar algunas tareas eso sería de lo más fácil y cómodo. Pero, a la vez sabes que es importante realizar tus pendientes y para ello se requiere algo de esfuerzo. En ese momento piensas que tal vez eso puede esperar para mañana y quedarte cómodo en tu cama es lo más placentero. Por naturaleza el cuerpo humano siempre buscará la comodidad. La mayoría de las personas opta por lo más fácil lo más conveniente huyendo del esfuerzo y el cambio. Si no te levantas y haces algo por tu vida de igual manera el tiempo pasara. Dales uso a tus pensamientos. Dales uso a tus capacidades, deja la pereza y haz lo que tienes que hacer.

Otra cosa que aterra al ser humano es el riesgo, la mayor parte del tiempo no logramos ningún cambio en nuestra vida solo por el miedo a arriesgar nuestra comodidad. Hace un tiempo tuve momentos terribles mentalmente y estoy segura de que no soy la única persona, ese es el momento donde te sientes atrapado en un callejón sin salida donde sientes que la mente ya no da para más. Lidiar con este tipo de pensamiento es brutalmente aterrador porque no sabes si lo que estás haciendo y pensando es en realidad lo correcto. Batallamos tanto con nuestra mente que caemos en un estado emocional negativo. De pronto terminamos pensando que todo es una pérdida de tiempo.

Cuando la mente te tiene acorralado y no te deja ver más allá de tu tiempo real lo más prudente es dejar de luchar por un instante y tomar tu tiempo. Esto no quiere decir que te has dado por vencido, si no que siempre es bueno encontrar ese momento donde puedas encontrar la debilidad de tu enemigo, en este caso tu mente. He descubierto que el darle una pausa a mi mente me ha resultado de gran beneficio ya que el sentir la relajación y la sensación de paz me hace ver todo de diferente manera y me puedo dar cuenta de cuanto puedo manipular a mi propia mente.

Si el resultado que todos buscamos es tener éxito en todos los ámbitos de la vida y no lo estamos logrando, sencillamente es porque no estamos iniciando por donde se genera todo resultado ya sea positivo o negativo. Me refiero a la mente. Todo suceso en nuestra vida es el resultado de cada pensamiento que hemos generado a lo largo de nuestra existencia y si los resultados no son lo que deseamos es porque no hemos sabido controlar y definir cada pensamiento. Hay que reconocer que no todos hemos tenido la fortuna de aprender los secretos de la mente a tiempo. Muchos no fuimos educados con este poderoso conocimiento.

Como resultado, a lo largo de nuestra vida hemos estado expuestos a no vivir una vida exitosa. Cuando a éxito me refiero no estoy hablando de estatus elevados en cuestiones financieras, aunque no hay nada de malo en ser exitoso en las finanzas. Muchas veces si no se tiene el conocimiento correcto cualquiera diría que el éxito es el dinero cuando en realidad no lo es, y vuelvo a señalar que el dinero es una parte del éxito muy importante. Desde mi punto de vista el éxito se compone de muchas acciones y actitudes, no solo sentirse satisfecho por alcanzar una meta o realizar un sueño. El éxito está también en reconocer que no existe enemigo más fuerte que uno mismo y que la vida está basada y diseñada para disfrutarla y ser feliz.

Al mismo tiempo, el éxito está en reconocer que día a día te esfuerzas por encontrarte contigo mismo... encontrar el gran "yo soy" Me pondré de ejemplo yo misma al mencionar y aceptar que malgasté gran parte de mi vida amargada porque no estaba viviendo la vida que yo quería en ese momento. Lo más fácil para mí era culpar a quien se cruzara en mi camino. De lo que no quería darme cuenta ni aceptar era que todo era el resultado de cada pensamiento y cada creencia que yo tenía de mí misma. No quería entender que las limitaciones que tenía eran porque yo misma me las había puesto, era yo quien creía que mi vida no valía para nada. Solo porque algunos me lo habían dicho no quería decir que era mi realidad.

En realidad, nadie es culpable de la situación que vivimos salvo nosotros mismos. Sentirse tan derrotado por dentro es la peor de las sensaciones que el cuerpo y el alma pueden experimentar. Es como un tipo de tortura maligna que a la vez te victimiza y te hace sentir menos a tal grado que no le encuentras el sentido a la vida. ¡Pausa! ... eso es lo que debemos hacer, dejar que la mente descanse. Dejar que la mente se aquiete es la mejor estrategia. La mente es como un río, en un momento caudaloso y al otro momento calmado y lleno de paz. Saberse conducirse por las corrientes más caudalosas de tu mente es sobre pasar tus miedos.

Cuando logras esto es ir en contra de los que muchos llaman realidad, es desafiar a una manada de lobos hambrientos de tu paz, es salir ileso de la gran tormenta... la tormenta de tu alma. Y tú, si ¡tú!... quiero decirte que tú puedes. Tú puedes controlar la tormenta de tu alma porque fuiste creado a la imagen del creador del universo. Aquel que con sus palabras creo mundos, aquel que con su poder soplo aliento de vida en ti te ha dado la capacidad de superar cualquier dificultad. El Dios que vive en ti desde el principio te asignó la gran tarea de descubrir tu propósito vida. Tú puedes pasar de vivir una vida ordinaria a una vida extraordinaria. Todos venimos a este mundo con un propósito, es nuestra tarea descubrirlo y llevarlo a cabo.

Pese a las dificultades que en algún momento tuve que enfrentar la vida me ha recompensado de la mejor manera. El tiempo y la persistencia son los responsables de que hoy pueda escribir una historia en el libro de mi vida. La radio fue una experiencia única, pero lo más importante es que aprendí más de lo que imaginé. Para mí es apasionante actuar tras el micrófono. Amé y disfruté cada momento vivido pese a las dificultades que vivía en ese momento. Soy una persona consciente de que existen sucesos que en determinado momento tienen que terminar. Es bueno escribir nuevos capítulos en la vida, solo de esa manera te darás cuenta lo mucho o lo poco que has vivido.

Habrá momentos donde la duda te pondrá a pensar si te arriesgas a realizar un sueño o te conformas con la comodidad y lo seguro. Esta, es la parte más difícil porque casi todos optamos por lo seguro y salir de nuestra zona de confort es aterrador. En mi vida personal tuve todos estos pensamientos, pero siendo que prácticamente toda mi vida era un desastre opté por atreverme al riesgo de realizar mis sueños. Opte por vencerme a mí misma. Para una mujer sola y con dos hijos la situación puede ser más complicada, no voy a negar que hubo momentos donde un solo dólar podía hacer milagros. Pero, gracias a esas circunstancias pude desarrollar el interés en obtener conocimiento en el área de las finanzas.

Con el orgullo destrozado, con mi dignidad por el suelo y con los bolsillos vacíos tuve el valor de enfrentarme a la vida y convertirme en la mujer que siempre quise ser. Estoy totalmente segura de que no existe nada imposible cuando crees en la fuerza superior que reside dentro de ti.

Después de un periodo de tiempo mi sueño de ser actriz se convirtió en realidad. Gracias a la confianza de la productora Lorena Connelly tuve la mi primer protagónico en la miniserie "Angelica". Una de mis pasiones más grandes actuar, estar frente a las cámaras es como detener el tiempo, puedo olvidar el pasado y puedo dejar de preocuparme por el futuro. Ese es uno de los momentos donde lo único que quiero es disfrutar mi presente.

Recientemente grabamos una segunda miniserie donde de igual manera desempeñe uno de los protagónicos. Es una maravilla poder ver un sueño echo realidad y darse cuenta de que todo es posible. Cuando esto sucede tienes la certeza de que eres una persona capaz de hacer realidad aquello que alguna vez inicio en la mente como uno de tantos sueños.

Estoy sumamente agradecida con Dios y con la vida porque además de tristeza, desilusión, injusticias y necesidades estoy viviendo la felicidad de ver mis sueños hechos realidad. Recientemente grabamos un segundo video musical donde también tuve la oportunidad de actuar como modelo principal. Experiencias que han cambiado totalmente el rumbo de mi vida. Vivo emocionada cada día por las sorpresas que la vida aún tiene reservadas para mí. Se que los mejores días están aún por venir y quiero disfrutar cada día con toda la intensidad posible y con la importancia que se merece. Otro de mis sueños más grandes hechos realidad es que tu estés leyendo este libro. Pero, mi mayor anhelo es que tu o alguien pueda beneficiarse de lo que he compartido en estas páginas.

Antes era solo un sueño, hoy es una realidad. Siempre quise escribir un libro y hoy puedo decir que lo logre. No existen imposibles cuando se está dispuesto a dar todo por un sueño, cuando te comprometes a llevar a cabo tu propósito de vida. Nunca desistas a tus sueños, no pierdas la oportunidad de vivir experiencias nuevas, no abandones tus proyectos y dales vida a tus ideas. Mantén tu mente, cuerpo y alma en estado positivo. siempre piensa y siéntete como una persona triunfadora. No te sientas menos que los demás, recuerda que todos somos seres distintos y cada uno posee dones diferentes que nos hacen únicos. Se humilde y nunca hagas menos a los demás, recuerda que la vida da muchas vueltas y no sabemos cuándo los caminos se vuelven a cruzar. No vivas juzgando a los demás, enfócate en tu propia carrera y si en el camino puedes ayudar a alguien hazlo de corazón.

Disfruta tu estancia y paso por esta vida, no te apegues a nada porque todo y nada nos pertenece. En medio de tu soledad date cuenta de que te tienes a ti mismo(a) y conócete más. Encuentra los momentos adecuados para compartir con buenos amigos que aporten crecimiento a tu vida. Nunca trates de encajar en un ambiente mediocre, ese ya no es lugar para ti. Tu ya no perteneces a lugares donde no reconocen tu talento y no aprecian tu amor y amistad. Se cuidadoso(a) al momento de enamorarte, déjate encontrar por esa persona especial que te valorara y te aceptara con todas tus virtudes y defectos. Prepárate para vivir cada día una nueva aventura contigo mismo(a). Recuerda que no existen días buenos ni días malos. Lo que hace la diferencia es tu actitud y la forma de como tu percibes la vida.

Hace unos años yo creía que mi vida seria gris para siempre había perdido el deseo de descubrir cosas diferentes. Todo me parecía tan insípido que me era difícil disfrutar de las cosas buenas que sucedían en mi vida. No permitas que eso te suceda a ti. Aunque te sea difícil tienes que darte cuenta de que existen muchas razones para ser feliz. Recientemente mientras platicaba con un grupo de mujeres, discutíamos las razones del porqué una persona no puede salir de una situación decadente. Algunas opinaron que puede ser por falta de ganas, otras opinaron que por pereza. Sea cual sea la situación que una persona esté enfrentando son muchos los factores que evitan que una persona salga de ese trance.

Una de las razones que la mayoría de las personas enfrenta es que no se da cuenta que él o ella está pasando por tal problema o abuso. Una persona se acostumbra tanto a su estado decadente que no puede ver más allá de sus narices, todo se ve tan normal que creen que lo que están viviendo está bien. Eso sucede cuando la persona se acostumbra ya sea a lo bueno o a lo malo. Hay que tomar en cuenta que todo lo que sucede en nuestra vida es porque nosotros estamos de acuerdo con que así sea. Parece complicada, pero no lo es, la vida es un periodo de tiempo que prácticamente no nos pertenece. Solo, la tenemos prestada, somos nosotros quienes cambiamos y somos nosotros quien un día nos iremos. En un momento de silencio te darás cuenta de que solo estas tú, que todo pasa, que todo cambia y que todo en su momento termina.

Procura encontrarte a ti mismo en los momentos de silencio esos son los momentos eternos, eleva tu espíritu hasta lo más profundo de tu ser y encontrarás paz en tu alma. Recuerda que al final de tu aventura llegarás a la etapa donde no hay vuelta atrás, lo que fue ya fue y lo que no hiciste no lo hiciste. O fuiste feliz o no lo fuiste, o amaste o no amaste, o perdonaste o no perdonaste. En la vida te verás en la necesidad de tomar muchas decisiones, recuerda que la decisión más importante es... querer ser feliz.

Después de todo la vida no se equivoca, basta con saber apreciar todo lo que nos ocurre. No vivas preocupado por las cosas que no puedes cambiar. No vivas para complacer a otras personas, vive para ti y sin remordimientos por un pasado que no puedes cambiar. Preocúpate por vivir tu presente con toda la intensidad posible. Permítete ser amado y abrazado por la pasión. Disfruta cada reacción de tu cuerpo, permite que tu

energía, alma y corazón se conviertan en uno solo.
Nunca dejes de soñar, nunca dejes de creer en ti y nunca dejes de sonreír.
Lo único quiero es que tu sea feliz.

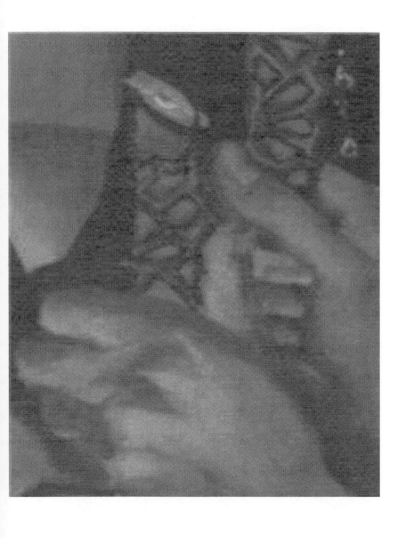

11

Como poner cada pieza en su lugar

Creo que la vida es como un rompecabezas, en la portada del empaque el dibujo se ve hermoso y nos enamoramos de esa belleza y lo compramos, porque queremos ver el resultado de tal obra de arte. De lo que no tenemos conciencia es que para dejarlo igual de hermoso como se ve en el dibujo tendremos que dedicar tiempo, paciencia, la delicadeza de poner cada pieza en el lugar correcto y la capacidad de reconocer y cambiar la que hemos puesto por equivocación o intencionalmente.

A veces queremos creer que de alguna manera la pieza incorrecta puede encajar bien en una posición a la cual no corresponde. Cada pieza es diseñada para un lugar específico, no podemos poner a la fuerza una donde no corresponde, aunque parezca que esa es la correcta. A si mismo imagino la vida, hermosa y llena de cosas buenas casi perfecta.

Creo que en un principio todos tenemos el mismo panorama de la vida, nos atrevemos a soñar con grandes cosas, con la pareja perfecta, con el trabajo ideal, con la casa de ensueño y con todo lo bonito de la vida. Y eso no tiene nada de malo, al contrario, creo que todos deberíamos soñar con grandes cosas. De lo que no tenemos ni la menor idea es que para llegar a ese nivel de vida y encontrar todo lo deseado tenemos que poner cada pieza de nuestra vida en el lugar que corresponde y muchas veces cambiar algunas que hemos puesto a la fuerza o que ponemos por error.

Aquí es donde aplica poner en práctica el conocimiento de reconocer nuestros errores y aceptar nuestra responsabilidad.

Colocar una pieza en un lugar equivocado es muy normal y no existe ser humano que no se haya equivocado. Recuerda que entre más te equivocas más aprendes y no debemos ver la vida como un desastre cuando nos pasan cosas negativas o dolorosas. Al contrario, debemos tomar todo como una aventura llena de retos donde al final podrás ver terminada tu obra maestra poniendo cada pieza en el lugar correspondiente. Armar el rompecabezas de nuestra vida es una tarea llena de responsabilidades y para lograrlo es necesario hacer un pacto de compromiso con uno mismo, de lo contrario todo se puede quedar en un sueño de la vida perfecta.

Yo siempre he creído que en cuestiones de vida no tenemos segundas oportunidades. La vida es solo una y por lo tanto hay que vivirla al máximo y con toda la intensidad posible sintiendo cada respiro y cada célula que vibra dentro de nuestro ser. Poner cada pieza de tu vida en el lugar que corresponde te puede tomar el tiempo que tú quieras, pueden ser años o puede ser toda una vida lo importante es que lo hagas. Muchas personas nunca llegan a la plenitud de sus vidas por la sencilla razón de que hacer cambios buenos siempre tomará mucho esfuerzo. Desde estudiar una maestría, iniciar tu propio negocio hasta realizar los sueños que parecen imposibles. El mayor impedimento para que podamos realizar lo que deseamos es el miedo. Todos, incluida yo misma no hemos llegado a realizar nada por él el miedo a fallar o a equivocarnos.

Muchos no comen por temor a engordar, otros no intentan nada por temor a fallar y otros no aman porque duele, en todo caso la respuesta sería mejor no vivir porque lo seguro sería morir. El miedo siempre nos mantendrá sometidos, sino hacemos el esfuerzo por derrotarlo al final perderemos la batalla. Al no tener la fuerza he iniciativa para realizarte y escalar al siguiente nivel de tu vida terminas con una frustración terrible. Cuando no estás logrando lo que tu deseas te sientes enfadado con la vida y las personas que te rodean.

Esto te lleva a tomar interés en la vida de otras personas y de alguna manera sentir molestia porque ellos si están logrando algo cuando tú estás atascado hasta las orejas. Acuérdate de una cosa... si tu no estas teniendo éxito en lo que quieres es porque no estás haciendo nada. Así de simple, si no haces nada no sucederá nada.

El error más común y dañino es querer competir he igualar la vida de los demás. Perder el tiempo de la manera más ociosa es querer averiguar qué es lo que hacen los demás. En pocas palabras estar de metiche, o sea en el chisme. El tiempo que inviertes en las redes sociales ocúpalo para tu beneficio. Estamos en la era donde casi todo es apariencia, el Facebook, Instagram etc., nadie se quiere quedar atrás y fingen una vida idealizada. Usan filtros para que todo se vea bien a ojos de los demás, ojalá hubiese filtros para el alma. Te recomiendo que te enfoques en ti, no finjas algo que no eres porque al final tu eres quien saldrá lastimado(a).

Toda persona nace con el derecho a una vida próspera y feliz cabe mencionar que todos pasamos por adversidades, pero también contamos con la capacidad de superar cualquier cosa. ¿Quieres un cambio en tu vida? Pregúntate a ti mismo ¿Cuán dispuesto estás para conseguirlo? ¿Cuánto te importas a ti mismo? ¿Cuánto vale tu persona? ¿A quién le importas? ¿Cómo deseas que sea tu vida? En fin, hazte todas las preguntas que sean necesarias hasta que encuentres una respuesta, o por lo menos algunas ideas. Estas preguntas deberás hacerlas muy seguido y encontrarás ese motivo que necesitas para tomar la decisión de un cambio en tu vida. A nadie le importas más que a ti mismo, todo lo que hagas hazlo por ti y solo por ti, tu eres la persona más importante en tu vida. Tu eres esa persona a quien debes impresionar.

A continuación, te compartiré algunos puntos importantes que fueron clave en la transformación de mi vida. Debo mencionar que todos estos puntos se deben practicar de manera continua. Lee y experimenta por ti mismo todas las veces que sea necesario hasta que sientas confianza y seguridad en ti.

12

Poner tu persona siempre en primer lugar

Poner siempre tu persona en primer lugar no quiere decir que eres una persona egoísta o que solo piensas solo piensas en ti. Ponerte siempre en primer lugar quiere decir que te amas y te aceptas tal y como eres y has entendido que si tu estas bien tus seres amados también lo estarán. No puedes ofrecer lo mejor a alguien más cuando no te lo has ofrecido a ti mismo. No se puede ir por la vida queriendo ofrecer la mejor enseñanza especialmente a los hijos cuando primeramente tu no has aprendido a vivir plenamente. Conozco muchas personas que hoy día siguen diciendo que las o la persona más importante en su vida es alguien más, ya sea un hijo, los padres o la familia en general.

Esto no tiene nada de malo ya que es lo más natural. En lo que no estoy de acuerdo es que algunas personas antes de sentirse a sí mismo como la persona más importante en su vida opta por darle la mayor importancia al ser más querido para él. La mayoría, por no verse envuelto en la crítica o simplemente por no hacer sentir menos a un ser querido especialmente a un hijo le ceden el espacio de ser lo más importante. Claro que los hijos son muy importantes en nuestra vida, pero para ti tú debes de ser la persona más importante.

No estoy generalizando, pero sí reconociendo que todavía existen muchos en esta situación. Imagino lo difícil y desastroso que puede parecer cambiar esta manera de pensar. Imagino lo incómodo que puede llegar hacer para estas personas decir o aceptar lo contrario ya que han sido domesticados con esto en mente. Hay que entender que si nosotros estamos bien nuestros hijos estarán bien. Si nosotros somos un desastre nuestros hijos serán un desastre. Algo que yo misma en algún momento de mi vida no lo pensaba así, hasta que descubrí que yo era y sigo siendo lo más importante en mi vida.

Sin darme cuenta le di a mis hijos la responsabilidad de mi felicidad. Cuando estaba hundida en mi depresión decía... si aguanto toda esta vida es por mis hijos. Hoy, no creo que mis hijos podrían vivir felices sabiendo que todo mi sufrimiento era, o fue por ellos. Quería y trataba de hacer todo a la perfección pasando por encima de mis propios ideales, estaba en total concentración en encajar en el mismo círculo de la sociedad tratando de ocultar la realidad. Vivía solo de apariencias cuidando siempre de... el "qué dirán". En ese tiempo mi persona estaba hasta el final de la lista y tristemente yo era quien menos me importaba.

Cuando entramos a ese molde de la vida no solo es absorción de energía. También es vivir tratando excesivamente querer llegar a una perfección que en realidad no tenemos ni la menor idea si existe o no. Caemos en el olvido y lo único que sabemos responder ante toda frustración es... todo lo que hago es por mis hijos y mi familia, no tengo vida porque estoy dedicado a ellos en cuerpo y alma. ¿Qué clase de tortura es esta? ¿Porque los hijos tienen que cargar con toda la frustración de los padres? Los hijos no tienen la culpa, somos nosotros quien permitimos quedar en último lugar. ¿Porque hacer sentir a los hijos que son una carga y además los culpables de hacer la vida difícil a los padres?

Todo esto es una manera equivocada que tenemos sobre nosotros mismos. Pensamos que alguien o algo es más importante que nuestra propia persona. Sin tomar en cuenta lo grave del asunto estamos educando a que nuestros propios hijos sigan el mismo sistema de vida que nosotros. Tal vez, haya personas que prefieren excluirse y darle el primer lugar a alguien más porque los hace sentir que son buenas personas y que ese algo o ese alguien se lo agradecerá toda la vida. En realidad, no tenemos la certeza que eso suceda. Los hijos crecerán y en determinado momento llegaremos a ocupar un segundo lugar en sus vidas.

Todo tiene un tiempo y un límite, recuerda que todos tenemos una sola vida y nunca podrás disfrutar ni vivir y mucho menos ser feliz si no le das el verdadero valor y respeto a tu propio ser. Aprende a decir... todo lo que hago es por mí, todo lo que importa es mi paz interior. Aprende a decir y a sentirte que tú eres lo más importante y por lo tanto mereces vivir feliz. Aunque suene demasiado egoísta y cualquiera piense que uno es un padre o madre desnaturalizado falto de afecto y merecedor del propio infierno no prestes la mayor importancia. Estoy segura de que la mayor felicidad de los hijos es ver a sus padres felices. De la manera que sea, juntos o separados, pero felices. Recuerda que cada uno elige vivir de acuerdo con sus propias creencias y conveniencias. Todo lo que somos, todo lo que hacemos, todo lo que proyectamos, todo lo que ofrecemos y todo lo que llegamos a inspirar es como un espejo donde reflejamos lo que en verdad somos. Las vivencias, las experiencias, las creencias, cada fracaso, cada victoria, cada desilusión, cada tristeza y cada error son parte importante de nuestra vida. No te aflijas por ese reflejo tuyo ni por querer cambiar lo que no hiciste bien, al contrario, siente orgulloso por lo que has hecho bien, y lo dispuesto que estas a cambiar tu vida. Procura cambiar o eliminar lo que no encaja en tu relación contigo mismo ni aporta felicidad a tu vida.

Recuerda que cada suceso ha llegado para aportar conocimiento a tu vida y reforzar cada área de tu ser. Procura siempre reflejar lo mejor de ti ya que en cada reflejo puede verse alguien más. Así como hay ojos y oídos para juzgarte habrá ojos y oídos para aprender de ti y usarte como una guía o más bien como un ejemplo de vida. Comparte el conocimiento y procura enriquecerlo cada día más, acéptate tu como la persona más importante ya que de esa manera podrás ofrecer una vida de calidad a tus seres queridos. Enseña a tus hijos y a futuras generaciones a ser ellos la persona más importante teniendo en cuenta que si todo en nuestro interior está bien lo exterior también estará bien.

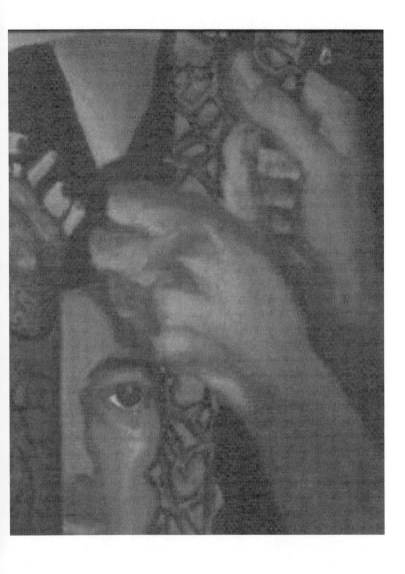

13

No sentirte culpable por tus errores toda la vida

Pasamos los mejores años de nuestra vida culpándonos por los errores que hemos cometido consciente o inconscientemente. Sea como sea, los errores siempre serán una parte de nuestro historial de vida. No podemos hacer de cuenta que no sucedieron, pero sí podemos perdonarnos por aquello que no hicimos bien. Es primordial trabajar y enfocar nuestra energía en el perdón así mismo. El ser humano suele castigarse a sí mismo convirtiéndose en su peor enemigo. Pasan la vida castigándose por cada error por más pequeños que hayan sido.

No quiero decir que debemos tomar a la ligera nuestros errores, quiero decir que seamos responsables y tengamos la capacidad de reconocer el error que hemos cometido, teniendo la madurez para no repetir la misma historia. Hay personas que viven quejándose por la vida miserable que tienen cayendo siempre en los mismos errores. Esto es causa de la poca madurez, del conocimiento limitado y la insensatez de no querer aprender de lo que ya les salió mal vez tras vez. Detrás del error y la equivocación está la oportunidad de aprender, de mejorar y de hacer cambios inteligentes. Todo depende con que ojos quieres mirar todo lo que sucede en tu vida.

Cuando perdemos el control de nuestros actos y permitimos que ellos nos controlen a nosotros llegamos a tal grado de frustración que vivimos pensando que si tal vez hubiésemos hecho las cosas de manera diferente la vida sería totalmente distinta. Y si, es verdad la vida podría ser totalmente distinta, pero el caso es que lo hecho echo esta y él hubiera no existe. Él hubiera solo lo utilizamos para no reconocer que lo sucedido fue por decisión propia, por la inmadurez, por la irresponsabilidad, por no contar con el conocimiento adecuado o por una mala jugada de la vida. Por eso es importante que tomemos la responsabilidad y aceptar que nos hemos equivocado y creer que podemos mejorar y darle un sentido diferente a la vida.

Sentir culpa es un veneno que te mata lentamente, un sentimiento que te encierra en una caja donde no encuentras la salida. Piensas que torturarte por el resto de tu vida es la única manera de pagar por tus errores y prefieres vivir condenado a no tener una segunda oportunidad de hacer las cosas bien. Hay que reconocer que somos seres humanos que vivimos expuestos a cometer errores al igual que vivimos expuestos al crecimiento, a la evolución y a la felicidad. Es decisión propia el cómo decidas llevar tu vida, quieres vivir amargado y torturado por tus errores o decides lograr un cambio en tu vida.

Lo que hiciste mal ya lo hiciste, ahora enfócate en hacer y dar siempre lo mejor de ti recordando que no puedes ir por la vida cometiendo los mismos errores porque de lo contrario jamás aprenderás y nunca podrás ser liberado de la culpa. No te culpes toda la vida, no es nada atractivo ni de agrado para otras personas compartir tiempo con personas que se sienten víctimas de sus circunstancias. Basta de tanta calamidad y de andar por ahí queriendo causar lastima. De hoy en adelante usa el borrador de la vida, elimina todo lo que no aporte paz y crecimiento a tu vida y en una hoja en blanco empieza hoy a escribir una mejor versión de ti.

14

Perdonarse a sí mismo para poder perdonar a los demás

No podemos ir por la vida guardando rencores y aunque en el momento no lo asumimos la primera persona a quien le guardamos rencor es a nosotros mismos. A lo largo de nuestra vida hacemos cada tarugada y de repente hemos lastimado a alguien sin querer. Se de personas que viven amargadas por querer llevar de por vida esa culpa del error que alguna vez cometieron. Recientemente, un amigo me dijo... nunca podré ser feliz porque mi matrimonio no funcionó. Mi pregunta hacia él fue... ¿Cuál es el motivo de tal desdicha? A lo que él respondió sintiendo gran culpabilidad… cuando me case no estaba enamorado solo lo hice por complacer a mis padres ya que ellos consideraban que ella era la mujer correcta para mí.

Esa persona, no encontraba otra solución a su desdicha y su única solución era aguantar por el resto de su vida una relación vacía de amor. Tal decisión era porque no solo se trataba de él, tenían dos hijos y esa era la razón por la cual se condenaba a vivir así. Me dijo… todo esto es mi culpa y tengo que pagar por ello no importa que sea a costa de mi felicidad. Indudablemente tú eres el culpable le conteste, y si tú lo dices así mismo ocurrirá. Le dije… si no tienes la valentía y el amor hacia ti y decides perdonarte por ese error que cometiste te hundirás. Permitiste que tus padres controlaran tu vida, ahora no permitas que la culpa haga lo mismo. ¿Dónde inicio o quien es responsable de todo este enredo? Le pregunté, a lo que él sin dudarlo respondió… ¡yo! yo soy el único responsable y por ello me toca pagar.

En este caso encontrar culpables sería una buena manera de perder el tiempo le respondí, aunque tienes toda razón en pensar que tú eres el primer responsable de todo este enredo. Sin dejar de lado el gran error de tus padres en querer controlarte la vida, le dije sin sentir ninguna pena. Perdonarte a ti mismo te libera de culpas que solo causan daño a ti y a las personas que te rodean. No es saludable vivir como una víctima el resto de la vida. Desde niños empezamos con travesuras y lo común es que nuestros padres nos castiguen por eso.

Ahí es cuando empezamos a crear ese sentimiento de culpa y coraje con nosotros mismos por el mal comportamiento y así sucesivamente hasta llegar a la edad adulta. Cuando estas en situaciones como esta solo tienes dos opciones... o haces algo para cambiar tu dilema, o no haces nada te aguantas. Pero deja de quejarte, recuerda que es responsabilidad propia vivir en el ambiente y estado de ánimo que tu decidas.

A lo mencionado anteriormente no es saludable ni mucho menos crecerás como persona si siempre te sigues culpando por los errores cometidos durante tu vida. Siempre tenemos la oportunidad de cambiar y mejorar nuestro estilo de vida tomando cada experiencia buena o mala con responsabilidad y perdonando desde lo más profundo del alma. Esa es la única manera de liberarse ya que ese es el mayor acto de amor hacia uno mismo. De esa manera tendrás la capacidad y privilegio de poder perdonar a los demás... y no solo eso, sino también la oportunidad de vivir.

Cuando digo vivir no me refiero a solo respirar, vivir es algo que muy pocos tienen la fortuna de experimentar. Vivir no se trata solo de hacer bulto en esta sociedad, vivir es ir más allá de lo que muchos le llaman realidad. Toca fondo y veras que hasta el momento solo te has preocupado por sobrevivir tratando de llenar expectativas ajenas y aterrado por la opinión de aquellos que se jactan de perfectos y cada día se hunden más en su vacío interior. Perdónate y libérate de toda culpabilidad, hoy tienes la oportunidad de hacer las cosas mejor que ayer.

15

Dejar el miedo para otro día

¡Maldito miedo!! Para muchos el peor enemigo. Siempre tiene que aparecer y echar a perder todo. Creo que no hay ser humano que no haya sentido miedo alguna vez y eso es de lo más normal yo le llamo el enemigo adoptado. Si nos damos cuenta el miedo lo hemos ido adoptando a través de los años. Es posible que no podamos recordar esa etapa cuando no sentíamos miedo alguno porque fue muy en la infancia. Pareciera que toda la vida hemos vivido con el miedo encima, pero no es así, al igual que otras costumbres también hemos adquirido el miedo. Conforme vamos creciendo vamos aprendiendo a sentir miedo empezando con las cosas más sencillas, por ejemplo, miedo a no pasar el examen escolar.

Eso para mí era ¡aterrador! Recuerdo muy bien cuando era solo una niña, el no poder dormir pensando en las tablas de multiplicar me aterraba porque al día siguiente tendría que presentar al profesor quien espectaba cero equivocaciones. No tengo nada en contra de la escuela y la educación, solo que me enfada que una de las reglas para considerarte el mejor estudiante requiera no equivocarse. Esos fueron mis primeros miedos. ¿Y los tuyos cuales fueron? O mejor dicho... ¿Cuales siguen siendo tus miedos? En ese tiempo de lo que no tenía idea era de los que venían después. La vida cambia y los miedos también, prácticamente los hacemos parte de nuestra vida. Hay personas que tienen miedo a empezar su propio negocio, otros tienen miedo a equivocarse, muchos tienen miedo a perseguir sus sueños y la mayoría tiene miedo a vivir. ¿Con cuál de estos miedos te identificas tú?

Sin darnos cuenta hemos dejado que el miedo controle nuestra vida, prácticamente nos hemos convertido en títeres del miedo. Es increíble el poder que le hemos otorgado al miedo que hasta para las decisiones más pequeñas nos vemos obligados a rendirle cuentas y negociar nuestro derecho a elegir. En lo personal, yo les tenía miedo a muchas cosas y todavía sigo teniendo miedo solo que he aprendido a manejarlo. Por mucho tiempo viví con el miedo a decir lo que en realidad quería en mi vida. Nunca pude decirle a mi familia que mis sueños eran convertirme en todo lo opuesto a lo que ellos espectaban. Para una persona como yo quien hasta hace un tiempo pertenecía al grupo de seres humanos que nacen con la etiqueta de ser insignificante, realizar un sueño era algo imposible. Bueno, al menos eso era lo que yo creía, pero hoy he comprobado todo lo contrario. En ocasiones nos sentimos insignificantes y buenos para nada solo porque nos da miedo sentirnos importantes.

Solo porque el destino te coloca en una posición irrelevante, el soñar con grandezas prácticamente está fuera de lugar. Ese fue uno de mis miedos más grande el cual hoy me atrevo a gritar a los cuatro vientos que el miedo me hace los mandados. No fue sencillo, pero aprendí a convertir lo irrelevante a relevante, lo que en verdad tiene importancia. Me di cuenta de que mi persona y mis sueños eran importantes, que podía sobresalir no para demostrarlo a alguien, si no para demostrarlo a mí misma.

Querido y apreciado lector, no tengas miedo a ser quien en verdad eres. No permitas que lo que te han hecho creer te aleje de la persona que realmente puedes llegar a ser. Deja tus miedos para otro día. Persigue tus sueños, vive a plenitud y disfruta el momento ya que es lo único palpable. Conviértete en aquello para lo cual fuiste creado. Yo sabía que liberarme del miedo no sería tan sencillo, de hecho, todavía sigue presente, pero las experiencias han cambiado mi manera de pensar. Como era mi peor enemigo decidí hacer un trato con él, le propuse que fuéramos amigos. Ahora, si decido hacer algo y siento miedo de igual manera lo hago con todo y miedo. Tengo una estrategia y usualmente le digo... querido miedo espera para mañana y te prestare la atención que me pides, ahora déjame hacer lo que quiero hacer. Lo que él no sabe es que yo vivo un día a la vez y ese mañana tal vez no llegara.

Es increíble cómo cambia la situación, mejor dicho, es increíble cómo es que uno mismo tiene el poder de cambiar toda situación ya sea para bien o para mal. Antes el miedo me manipulaba, hoy yo lo manipulo a él. Hoy, yo soy la única que puede hacer cambios o alteraciones para conseguir un fin determinado positivo en mi vida. Hay una frase que muchas personas suelen utilizar "si no puedes con tu enemigo únete a el" eso precisamente fue lo que hice y hasta el momento el miedo y yo nos llevamos muy bien. Avanza confiando que tú eres muy capaz de vencer todos tus miedos.

16

Deja de preocuparte por el que dirán

La manera más tonta de perder el tiempo es vivir estresado tratando de cuidar las apariencias solo por pensar en el que dirá la gente. Existe una gran cantidad de seres humanos que nunca descubren la felicidad y pierden grandes oportunidades de realización por tener ese bloqueo mental '"el miedo al qué dirán" déjame decirte que la gente de todos modos habla ya sea que hagas las cosas bien o mal. Hubo un tiempo de mi vida, en mi adolescencia del cual no hablaré ahora. Solo resumiré que fueron tiempos difíciles en los cuales las acciones incautas de terceras personas dejaron tanto de que hablar que me gane un título inmerecido por la gente.

Siempre existirá alguna experiencia que nos marca para siempre, pero solo depende de uno mismo qué tanto poder le otorgas para que arruine tu vida. La mayor parte de lo que llevo de vida lo viví cuidándome de cada movimiento ya que se quedó muy arraigado en mi mente el temor a lo que la gente pudiera pensar o decir de mí. Fue tan doloroso lo que en ese tiempo viví que no quería repetir viejas experiencias. Vaya manera de perder el tiempo, ¡Vaya manera de perder la vida! le di importancia a lo que en realidad no me servía para nada. No existe mejor maestro que la propia vida, si no aprendes a la primera te seguirá repitiendo las mismas experiencias hasta que aprendas la lección.

Recuerdo aquella etapa de mi vida la cual fue el punto final, el momento clave que cambiaría el rumbo de mi vida. Me encontraba experimentando los momentos más humillantes en cuestiones laborales tratando con personas que están lejos de ser lo que aparentan, en pocas palabras "falsas". Para ellos tal vez era satisfactorio humillar a alguien que prácticamente estaba indefensa. Para mí fue poner en práctica todo lo aprendido y pasar por la prueba de fuego nuevamente. Mi único objetivo era salir ilesa y ganado la batalla. Hoy me importa muy poco lo que puedan decir o creer de mí ya que a la única persona a quien debo agradar es a mí misma.

En ese tiempo me sentí intimidada por una sarta de incompetentes que lo único que hicieron fue minimizarme dejando en evidencia su comportamiento nefasto y el miedo a ser superados por alguien más. Seré honesta y voy a reconocer que en ese momento no era nada de lo que soy hoy, tuve que ser humillada en varias ocasiones por mis compañeros de trabajo para desarrollar el carácter que en el presente me identifica.

Me preocupaba tanto por el qué dirán y el miedo a perder lo que con trabajo había conseguido que decidí quedarme callada y tragarme mi orgullo. Cuando me refiero a quedarme callada es que no tuve el valor de dirigirme a la persona indicada y asumí que todos eran iguales incluyendo al dueño de la empresa. Quiero aclarar que estaba totalmente equivocada ya que los únicos verdugos fueron unos fulanos que tomaron ventaja de su posición. Mi error fue no tener el valor de acercarme a la persona correcta. Esto lo expongo como ejemplo para personas que de alguna manera son intimidados o explotados en sus labores por terceras personas que abusan de su autoridad sólo porque cuentan con un puesto que les ha sido otorgado.

Si tú te encuentras en una situación similar, háblalo con tus superiores, si no eres escuchado denúncialo con los dueños. La mayoría de las ocasiones ellos no tienen ni la menor idea del comportamiento de las personas a quien le han confiado su empresa. Referente a mi propia experiencia debo decir que no todo a sido calamidad ni fracaso ya que pude desarrollar la habilidad de convertir de negativo a positivo. Para lograr grandes cosas en la vida tienes que estar dispuesto a recibir cualquier tipo de crítica todo depende de ti la importancia que le des. Es increíble como una opinión negativa o positiva puede afectar tu vida.

Es aún más increíble como nosotros mismos le damos más poder a un comentario negativo los cuales siempre serán aportados por seres vacíos y faltos de amor. Nunca permitas que el miedo a lo que pueda decir la gente te aparte de tu destino. La mayoría de las veces la gente que te etiqueta son seres resentidos por sus propios sueños frustrados. Nunca te detengas solo por el miedo a lo que diga la gente, dejad que hablen al fin y al cabo cada uno lucha por sus propios ideales. Ten en cuenta que la única opinión que cuenta es la tuya propia. Al carajo con la gente que no aporta nada bueno a tu vida. Recuerda, son tus sueños, son tus metas y es tu vida.

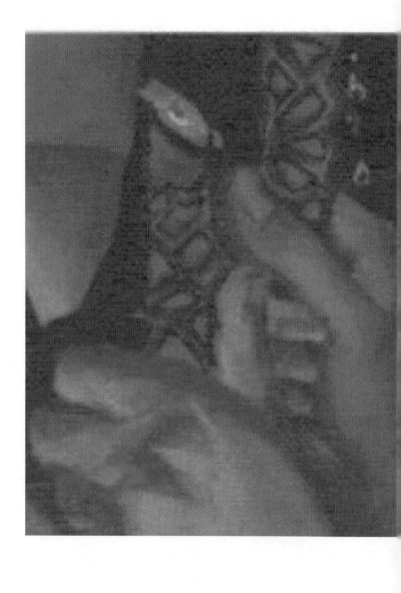

17

Dejar ir el pasado

La mejor manera de ser una víctima eternamente es arrastrar tu pasado toda la vida. Yo no entendía esto hasta que llegó el momento que las secuelas del pasado me tenían al borde de la locura. Todos tenemos un pasado, eso es cierto y también es cierto que no podemos arreglar algo que ya quedó en el pasado, así que yo me pregunto... ¿de qué sirve vivir atormentado por algo que ya no tiene solución? No importa cuantas veces te equivocaste o le fallaste a tu persona si ya es pasado solo te queda aprender de ello y tomar mejores decisiones. Al tomar mejores decisiones verás que tu vida indudablemente será mucho mejor.

Aferrarse al pasado y peor aún si es negativo y doloroso es como cargar una mochila con un animal muerto "apesta" y así mismo apesta tu vida y hasta que no decidas tirar todo lo que no sirve no verás cambios positivos en tu vida. Si cometiste una barbaridad de errores y sientes que eso te consume la vida déjame decirte que primero tienes que aceptar tu error, después perdonarte y después disculparte con esa persona a la cual le causaste algún daño. Esta es la única manera de liberarte y no hay otra. Te aseguro que tu vida dará un giro de 360 grados.

Conozco un sin fin de personas que hoy continúan culpándose por lo que les sucedió hace diez años, hablan del tema y es como si estuviesen viviendo la misma experiencia. Sienten las mismas emociones y reviven todas las heridas causadas volviendo a quedar en el mismo estado miserable del cual les es difícil escapar. Yo personalmente estuve atascada en la misma situación, puedo asegurar que cada vez que yo recordaba aquella mala experiencia era vivir cada momento y cada emoción exactamente como pasó sin perder ningún solo detalle. Después de llorar como una verdadera loca lo primero que llegaba a mi mente era... ¿Por qué me paso esto a mí? ¿En que falle? Y un sin fin de preguntas irracionales que de pronto podían llevarme a perder la razón. Efectivamente, la pudrición del pasado cada día convertía mi vida en un verdadero infierno culpando a todo el mundo por mi fracaso.

Fracaso que en su momento yo pensaba que había terminado con mi vida.

Gran parte de seres humanos se quedan atrapados en el pasado convirtiéndose en esclavos del victimismo dejando en el olvido la importancia de vivir el presente. Afortunadamente la vida me dio varias bofetadas reprochando mi nefasta manera de vivir, y a la vez insinuando repetirme la lección. A veces, nos negamos a reconocer que por mucho daño que haya causado una desilusión o una pérdida en ello se encontraba un propósito de crecimiento y libertad.

En pocas palabras la vida me dijo... ¡vive idiota!, o de lo contrario llegarás al colmo del idiotismo. Si el pasado no te sirve para nada es muy simple, mándalo directamente a la basura y no te compliques la vida. La mejor manera de disfrutar y vivir la vida es liberándose del pasado y enfocarse en vivir el presente. Lo más valioso que tienes en este momento es con quien estas y donde estas. Procura estar en el lugar que deseas y con la persona que amas. ¡Hoy es el mejor momento!

18

No pierdas el tiempo

Es cierto que todos tenemos infinidades de cosas por hacer y que si el día no terminara seguiríamos haciendo todo tipo de labores. Para mí, el tiempo es muy valioso ya que es equivalente a vida. He aprendido a sacarle el mejor provecho y no sentir remordimiento por ocuparlo en su mayoría a mí misma. Cuando no tenemos conciencia de ello terminamos desperdiciando este recurso tan valioso que tenemos... "el tiempo". A simple vista no le tomamos el valor que tiene. Siendo el tiempo el activo más poderoso con el que contamos y el único recurso no renovable para la humanidad, ¿Por qué nos aferramos a desperdiciarlo? La mayoría de las veces invertimos nuestro tiempo en cosas sin importancia, lo digo porque en alguna etapa de mi vida yo lo hice sin tomar en cuenta que al desperdiciar mi tiempo desperdiciaba mi vida.

Le dedique mucho tiempo a un pasado abrumador, le dedique mucho tiempo al miedo, le dedique mucho tiempo a una persona que no me valoro, bueno un sin fin de cosas que me robaron mi valioso tiempo. Hoy me doy cuenta de que tengo muchos planes y metas por cumplir y dedicarle tiempo es importante. Pero es primordial dedicar mi tiempo a las personas que amo empezando por mí. Es importante que hagas una lista de tus prioridades y dediques tiempo a ello, por ejemplo, pasar tiempo con tus hijos, dedicar tiempo a tu educación, dedicar tiempo a tus proyectos, dedicar tiempo a tus finanzas, dedicar tiempo a tu pareja y lo más importante dedicar tiempo a ti. Todo aquello que te ayuda a ser una mejor persona merece que le dediques algo de tu valioso tiempo.

En las relaciones sentimentales de pareja, aunque no soy muy experta me he dado cuenta de que cuando una persona no está dispuesta a invertir tiempo en la relación definitivamente no vale la pena. Es de suma importancia prestar atención a este detalle ya que una relación que empieza en conflicto así mismo terminara. A esto atribuyó el fracaso en las relaciones, tanto hombre o mujer se dejan llevar por las emociones del momento sin tomar en cuenta los detalles importantes. ¿Qué tan dispuestos están ambos en invertir su tiempo en una relación saludable? hoy día todos están apurados con los compromisos de la vida diaria dejando en último lugar la convivencia íntima.

Cuando alguien está dispuesto a invertir tiempo contigo quiere decir que le importas. Cuando alguien solo te quiere de vez en cuando no eres alguien de importancia para él o ella. No desperdicies tu tiempo con alguien que solo te quiere a su conveniencia y que solo está dispuesto a darte lo que le sobra de tiempo. Todo depende de ti cuánta importancia le otorgas a tu persona y cuán importante es para ti mantener una relación donde ambos compartan el mismo acuerdo. Recuerda que el tiempo es vida y si pierdes el tiempo prácticamente pierdes la vida. Cuando no estamos preparados mental, física, espiritual y financieramente no sabemos cuáles son nuestras prioridades y es fácil caer en todo tipo errores.

Es importante que dediques la mayor parte de tu tiempo a tu crecimiento siendo que tú eres el proyecto más importante de tu vida. Es natural que el ser humano siempre busque la satisfacción, por esta razón la gran mayoría desperdicia su tiempo en actividades vanas que solo satisfacen por un momento. Esto sucede por una mala administración e incapacidad para discernir entre lo urgente, lo importante y lo intrascendente. Es sorprendente cómo la gente derrocha el tiempo como si fuera algo que podemos comprar en cualquier tienda, muchos duermen todo el día perdiendo así la fortuna de ver un hermoso amanecer, otros pasan noches enteras en antros bebiendo como si el alcohol o drogas le fueran a resolver la vida. En fin, cada individuo tiene su propia perspectiva sobre el tiempo y la vida.

En mi caso, aprendí a ser consciente de mi muerte por ello me preocupo por darle el mayor sentido a mi existencia ya que mi existencia es mi tiempo de vida. Es de suma importancia aprender a respetar nuestro propio tiempo y el de los demás. Si lo que estás haciendo aporta conocimiento a tu vida adelante, de lo contrario descártalo ya que solo perderás el tiempo. De igual manera, si lo que te vincula a otra persona es de buena aportación conserva su compañía de lo contrario no pierdas tu tiempo ni hagas que él o ella pierda su tiempo también. En cuestiones laborales y profesionales si lo que estás realizando no cumple con tus expectativas es mejor empezar nuevos proyectos que estén dentro de tus expectaciones. Aléjate de ocupaciones irrelevantes ya que estas solo desperdician tus talentos.

19

Ponerte metas y cumplirlas

Las cosas no suceden por arte de magia tú tienes que hacer que sucedan. Una pieza muy importante es ponerte metas y no solo decir esta es mi meta y quiero que se cumpla. Debes tener en cuenta que para cumplir esa meta se requiere más que el deseo, claro que el deseo de querer algo es el principio. Sea cual sea tu meta tienes que aferrarte a ella con toda tu fe, con todas tus fuerzas y con una determinación inquebrantable. Querer lograr algo es muy común en las personas, pero el llegar a lograrlo requiere convertirse en todo un guerrero. Por mucho tiempo yo viví con el deseo de ser alguien y de alguna manera trascender en este planeta.

Quería dejar una historia, pero no tenía ni la menor idea por dónde empezar.

Aun así, siempre tuve en mente que existía un mundo totalmente diferente y que yo podía llegar a convertirme en una persona de éxito. De lo que no tenía conciencia era que para llegar a lograrlo tendría que pasar pruebas de fuego. Estoy segura de que no soy la única persona que pese a las circunstancias seguimos soñando y luchando para conseguir nuestros ideales. Pese a todas las dificultades, muy en el fondo de nuestro ser sabemos que somos seres capaces de lograr todo lo que nos propongamos. Aunque ya sabemos eso, se nos es difícil mantener el compromiso con nosotros mismos. Muchas veces tenemos la idea de lo que queremos hacer, pero al darnos cuenta el tiempo y esfuerzo que eso llevará desistimos al primer intento.

Por muy pequeña o grande que sean tus metas nunca podrás alcanzarlas si no te comprometes cien por ciento a ella.

Es bueno iniciar con metas pequeñas para ir empezando a construir disciplina, cada vez que cumplas con una meta debes ir aumentando el volumen de tus metas. Por ejemplo, puedes iniciar con la meta de levantarte dos horas más temprano de lo acostumbrado. Cuando ya lo hayas logrado invierte esas dos horas en rutinas de crecimiento, ya sea hacer ejercicio, leer un libro, escuchar audios de autoayuda, en fin, lo que desees y creas que aporte a tu desarrollo y crecimiento. En cuanto más metas puedas cumplir más sencillo se te hará ir por lo grande, por esa meta que para muchos resulte ser imposible.

Cuando te encuentres en este nivel de crecimiento debes tener en cuenta que habrá muchos que tratarán de desanimarte y muchas veces es la propia familia. En mi caso fue exactamente lo que sucedió, fue triste darme cuenta de que las personas más cercanas a mí opinaran que lo que yo tenía en mente era una verdadera locura. Todavía recuerdo muy bien cuando alguien me dijo tu está loca si piensas que algún día puedes llegar a ser presentadora de televisión o comunicadora de radio. Recuerdo muy bien cuando me dijo... pon los pies sobre la tierra y deja esos sueños para tus hijos.

En ese tiempo no contaba con el conocimiento que tengo hoy, pero aún así con lágrimas en mis ojos y una inseguridad tremenda decidí continuar sabiendo que nada sería fácil. En esa época no tenía mucho que perder, igual ya estaba en el mero fondo mi única opción era salir a flote porque de lo contrario moriría como toda una perdedora. Me encontraba en el mejor punto de partida, sin nada que perder y mucho por ganar. Por esa razón yo te puedo decir que tú puedes, nadie tiene derecho a decirte lo contrario. Recuerda que la vida es tuya y tú tienes el poder de decidir qué hacer con ella. Yo te aseguro que vale la pena cada rechazo, cada crítica, cada puerta cerrada, cada tropiezo y cada equivocación. Porque cuando pasas por todo esto aprendes que nada ni nadie puede detenerte de alcanzar tu máximo potencial excepto Dios. Te reto a que te propongas metas y las cumplas con integridad ya que de lo contrario le fallaras a la persona más importante... y esa persona eres tú.

20

Ser disciplinado

Todo en la vida requiere un esfuerzo extra cuando estás determinado a que todo aquello que deseas se cumpla. La disciplina es una de las piezas más difíciles de colocar en el rompecabezas de la vida, porque sea cual sea el cambio que quieres ver en tu vida requiere que tu estés dispuesto a dar ese extra. Muchas personas se dan por vencidas muy fácilmente porque simplemente no entienden la importancia de la disciplina. En mi vida personal, el haber agregado esta pieza en mi vida fue fundamental y sigue siendo algo más que un reto.

La disciplina no es algo que adquieres fácilmente, a veces pensamos que por arte de magia seguirá funcionando y no es así. La disciplina no funciona de esa manera, la disciplina es algo que tienes que practicar a diario. La disciplina se practica en las cosas más simples, aunque parezca que no es necesario. Es como tener una hermosa planta, si dejas de regarla con agua fresca pronto morirá así mismo es la disciplina si no la practicas a diario la terminas perdiendo. En pocas palabras tienes que hacer de la disciplina un hábito y de ese hábito una rutina, en este caso es la única rutina que nunca debes dejar de practicar.

Para mí fue muy difícil adaptarme y entender que este estilo de vida juega un papel importantísimo a la hora de querer alcanzar tus metas. Hasta hoy sigo combinando la fuerza de voluntad con la disciplina ya que ambos caminan de la mano y me ha funcionado de maravilla.

Me di cuenta de que si no hacía esta combinación no podría adaptarlos a mi vida. Por ejemplo, las personas que quieren bajar de peso y adquieren una membresía en el gimnasio. Muy bien esta genial, pero ese es solo el principio. Muchos piensan que contar con el acceso al gimnasio ya han bajado cinco libras y no funciona así. Para poder lograr el objetivo se requiere la disciplina y si no tienes esa fuerza de voluntad para levantarte del sillón e ir al gimnasio jamás podrás lograr el resultado que estás buscando.

Piensa que es lo que te motiva, qué es lo quieres, a dónde quieres llegar, cuál es tu razón de ser, en quien te quieres convertir y que tan importante es para ti lograr tus objetivos. Pensar de esta manera es lo que me ha motivado a llegar donde estoy, además de una combinación estricta de todo lo mencionado anteriormente y claro a todo esto le he puesto acción. Podemos tener muchos pensamientos positivos, muchas ganas de lograr metas, pero si no pones acción simplemente nada sucederá. Es verdad que poseemos de gran poder en nuestra mente, pero de nada sirve tan privilegiado poder si no sabemos hacer uso de él.

Es preciso e indispensable conocerte a fondo ya que es imprescindible conocer cuáles son tus fortalezas y debilidades. Enfócate y dales más valor a tus fortalezas ellas son tu mayor tesoro. Procura mejorar cada una de ellas ya que de ello depende la fuerza que te llevara a tu máximo potencial. Tus debilidades siempre querrán atacar tus fortalezas. Nunca le des valor a tus debilidades, pero tampoco te descuides siendo que pueden atacarte en tus momentos más vulnerables. Sé firme en lo que quieres, no bajes la guardia y no desistas de tus sueños.

No permitas que el cansancio o la soledad sean más fuertes que tus aspiraciones. Nunca nadie ha conseguido algo fácilmente, solo aquellos que están dispuestos dejar el alma en cada proyecto son merecedores del éxito. Quizá muchos te critiquen, quizá muchos te hieran, quizá muchos te digan que no tienes talento, quizá muchos te quieran derrumbar, pero debes tener la valentía y seguridad en ti mismo(a) para seguir luchando por lo que quieres.

Sigue disciplinado, sigue fuerte, sigue enfocado que al final de cuentas aquellos que hablan lo hacen porque ellos no tienen el valor de perseguir sus sueños. Aquí la única carrera que importa es la tuya propia, córrela a tu manera y a la velocidad que consideres correcto. No importa las veces que tengas que caer lo que importa es que tengas la fuerza para poder levantarte cada vez con más fuerza. Mantente enfocado en aquello que quieres, conviértete en maestro de la disciplina. Conviértete en el diseñador de tu vida.

21

Enfócate y vive el presente

Algo de lo que muchas personas se olvidan por completo es de vivir y disfrutar el presente. No hay nada más placentero y que te haga sentir paz interior que vivir con amor el hoy, el día a día... el presente. Para poder llegar a este nivel de vida hay que pasar por muchas pruebas, pero eso no quiere decir que no puedas lograrlo. Desde mi punto de vista creo que cuando llegas a esta etapa de tu vida te das cuenta de que existe una razón por la cual estas en este planeta y que todo lo que te sucede es por alguna razón. Una persona o un suceso que haya causado un impacto en tu vida no llega por simple casualidad.

Algunas personas pasan por tu vida porque tienes que aprender algo de ellos o bien, ellos tienen que aprender algo de ti. En un tiempo de mi vida me costó mucho aceptar el impacto que una persona causó en mi vida sin darme cuenta de que era con el fin de llevarme a otro nivel de aprendizaje. Trate de buscar todo tipo de excusas que pudieran justificar aquel coraje que yo sentía, estaba obsesionada en arreglar un pasado que ya no tenía remedio.

Me atasque tanto en el pasado que deje de vivir el presente a tanto llegó mi resentimiento que termine culpándome a mí misma, ese fue el momento cuando toque fondo. Todo lo que mi mente pensaba era el maldito pasado que amenazaba con llevarme a la tumba. Es infinito el número de personas que pasan por la misma situación, ni tu ni yo somos los únicos. Lo que sí te puedo asegurar es que todos contamos con la capacidad de salir de las garras del pasado. Y no solo es el pasado, existe otra razón por la cual no vivimos el presente, y me refiero al futuro. Muchas personas se encuentran atrapados entre el pasado y el futuro evitando vivir lo que realmente importa, el presente.

Conozco varias personas que de lo único que hablan es del futuro como si tuvieran la certeza de que llegaran a esa etapa. Lo más común en todo ser humano es preocuparse por el futuro y hacer planes a largo plazo sin darse cuenta de que el futuro viene acompañado de la vejez. Si no disfrutas y vives el presente de nada servirá llegar al futuro. Puede ser emocionante pensar en un futuro perfecto, pero déjame decirte que es aún más emocionante vivir con intensidad el presente dejando que el futuro llegue cuando tenga que llegar. Si nos damos cuenta cada cosa que pensamos las realizamos en tiempo presente. Todos los planes que pensamos realizar a futuro los generamos en tiempo presente. O sea que todo es tiempo presente, el pasado y el futuro son solo un reflejo y una ilusión.

No vivas estresado por lo que quisieras tener en un futuro, vive agradecido por lo que tienes hoy sin dejar disfrutar tu día a día tomando la responsabilidad de tus acciones y caminando firme hacia tus ideales. La vida misma se encarga de enseñarnos a tomar aprecio a todo lo que poseemos, a todas las experiencias y a todos los sucesos que ocurren durante nuestra vida. Recuerda que hasta en las cosas más simples se esconde una belleza infinita. Tienes que ser lo suficientemente sabio para darte cuenta de que todo tiene un origen y un objetivo que es parte de tu destino.

No te afanes en cuestionar lo que ya pasó ni te obsesiones en descubrir lo que pueda llegar a ocurrir en un futuro. Déjate sorprender por la vida teniendo en cuenta que tienes la capacidad de enfrentarte ante cualquier adversidad. He aprendido de cada error y he aprendido de cada persona. He aprendido a aceptar a toda persona tal y como es y he aprendido a no tomarme nada personal. He aprendido que lo que cada persona diga o piense es el reflejo de ella misma. He aprendido a vivir con amor el presente, he aprendido a respetar y dejar ir el pasado y he aprendido de todos mis errores.

He aprendido que el futuro depende de las decisiones que yo tomé hoy en mi presente y he aprendido a vivir con entusiasmo la vida. En conclusión, quiero decirte que no te aferres a un pasado que duele, solo toma de él lo bueno que pueda aportar a tu presente, no vivas preocupado por el futuro porque es incierto recuerda que lo que hagas y pienses hoy se verá reflejado mañana. Vive para disfrutar, vive para crecer, vive para aportar todo lo bueno de ti, vive para ser una mejor persona cada día... vive para trascender. Recuerda que somos seres vivos y que somos como el tiempo que cambia. Todos evolucionamos con cada experiencia. Los seres humanos somos como la niebla, por un momento estamos y en otro momento desaparecemos y pasamos a la historia.

Tienes que despertar y darte cuenta de que depende de ti crear y vivir tu propia historia. Tu eres el creador de tu destino, deja que la fuerza de Dios o del universo te guíe para que puedas alcanzar tu máximo potencial y realices tu propósito de vida. No te apegues a nada ni a nadie, vive libre como el viento, y no te compliques la vida. Quien quiera estar contigo bienvenido, quien se aleje de tu vida déjalo ir, tal vez no era parte de tu destino. Vive la vida con entusiasmo siempre espectando cosas buenas y aportando lo mejor de ti en cada cosa que realices. Procura dejar una huella positiva he imborrable en cada persona que llegue a tu vida y nunca olvides que vivir es una aventura que se vive una sola vez.

Sobre el autor

Lucy Carballo nació en un pequeño pueblo del estado de Veracruz México. Su padre quien fuera el responsable de inculcar los mejores valores y demostrarle que no existen imposibles falleció cuando ella era solo una adolescente. Aterrada a enfrentar al mundo sin una figura paterna se aferró a sus sueños. Ella pensaba que podía convertirse en lo que su padre siempre quiso para ella y llegar a ser un orgullo para su madre.

La vida no era como ella pensaba y se enfrentó a grandes retos los cuales marcaron su vida para siempre. Sin embargo, ella seguía soñando y creyendo que todo lo que ella quería podía ser posible. Cuando era muy joven no tomó las mejores decisiones y la vida le enseñó las lecciones más duras, pero llenas de aprendizaje. Siempre soñó con ser artista, ella soñaba estar en grandes escenarios y rodeada de mucha gente. Después de abandonar sus sueños por muchos años, la experiencia de una traición la hizo tocar fondo y decidió luchar por sus sueños.

Pese a las dificultades logró terminar la preparatoria, tomar un curso en periodismo y socialismo. Además, logró incursionar en la televisora local como ayudante y hoy produce su propio programa. Ha participado en varias series de televisión a nivel local. Recientemente obtuvo dos protagónicos en miniseries de la vida real. Lucy, también ha participado en varios videos musicales, además de ser una líder de su comunidad. Hoy Lucy puede afirmar por experiencia propia que todo es posible. Uno de sus sueños más grandes era escribir un libro y hoy es una realidad. Su deseo es poder inspirar y ayudar a muchas personas a realizar sus sueños.

Mi Propósito de vida

Estoy convencida que cada ser humano vino a este mundo con un propósito. Estoy en búsqueda de la felicidad y ese es mi propósito más importante. Estoy maravillada de todo lo feliz que puedo ser con solo cambiar mi manera de ver la vida y la actitud con la que enfrente cada situación. He descubierto que todo lo que sucede en la vida es por una razón importante.

Me siento comprometida a realizarme como ser humano y de alguna manera poder ayudar a otras personas. Además, tengo la responsabilidad de amarme a mí por sobre todas las cosas y de esa manera poder dar amor a toda persona que se cruce en mi camino. Estoy comprometida a ser un buen modelo para mis hijos y futuras generaciones. Quiero influir de manera positiva en esta sociedad y dejar una huella imborrable en mi paso por este mundo. Definitivamente mi propósito es ser feliz y procurar convertirme en una mejor persona cada día. Quiero vivir entusiasmada cada día con la mejor actitud descubriendo lo maravillosa que es la vida y poder compartir mi conocimiento.

Gracias